9급 공무원 영어 시험대비　　동영상강의 www.pmg.co.kr

박문각 공무원

브랜드만족
1위
박문각

최신판

KB124175

진가영
영 어

단판승
생활영어
적중 70제

📖 **국가직 및 지방직 9급** 최신 3개년 생활영어 반영
📖 **9급 및 7급** 핵심 기출 생활영어 문제 선별 및 분석
📖 **기출 빅데이터**를 분석한 순위별 생활영어 표현 총정리

진가영 편저

딴번에 판단해서 승리하는 적중 생활영어!

박문각

이 책의 머리말

단판승(**단**번에 **판**단해서 **승**리하는)
생활영어 적중 70제를 출간하며

안녕하세요, 여러분들의 단기합격 길라잡이 진가영입니다.

공무원 시험에서 **생활영어는** 총 20문제 중 **2문제에서 3문제까지 출제되는 영역**으로 **시험 전에 준비가 필요한 영역**입니다. 하지만, 문법, 독해, 어휘 영역을 준비하기에도 바쁜 수험생들에게 생활영어는 마치 계륵처럼 여겨져 시간을 투자하기에는 애매한 부분으로 느껴진다는 의견이 많습니다.

따라서 많은 수험생들의 부담을 줄이고 효율적인 학습을 촉진하기 위해서, 합격생들이 도움이 되었다고 했던 '기출 생활영어 총정리'와 '생활영어 50제 수업'의 내용을 종합하고 최신 출제 경향을 반영하여, 생활영어를 콤팩트하지만 알차게 준비하실 수 있도록 '단판승 생활영어 적중 70제'를 편찬하게 되었습니다.

이 교재는 생활영어가 막막하신 분들에게 시험 대비를 제대로 하기 위한 핵심만 모아 놓은 단기 합격을 위한 학습서로 공무원 영어 시험에 빈출되고 핵심이 되는 생활영어 표현들을 1순위, 2순위, 3순위로 구분하여 생활영어 표현들을 체계적으로 정복할 수 있도록 돕는 교재입니다. 또한 실전 기출문제 중에서 대표적이고 중요한 문제들을 선별하여 중요도를 표시하고, 기출된 생활영어 표현 및 출제 예상 생활영어 표현을 역대 문제에 적용하고 내용을 정리할 수 있도록 구성된 교재입니다.

즉, 시험에서 다뤄지는 생활영어 표현들과 문제 풀이법을 체계적으로 정리해서 빠르고 정확하게 문제 풀이까지 한 번에 적용할 수 있도록 돕는 생활영어 적중 교재이자 여러분들이 시험장에서 생활영어 문제를 반드시 다 맞힐 수 있도록 돕는 **시험 직전 반드시 보고 가야 할 필수 교재**입니다.

생활영어 핵심 표현 정리와 문제 적용을 접목한 이 '단판승 적중 생활영어 70제' 교재로 영어 고득점 또는 만점으로 가기 위해 기본인 생활영어를 모두 맞출 수 있도록 합시다.

끝으로 항상 좋은 교재로 수업을 가능하게 해주신 학원과 출판 관계자분들, 그리고 항상 저를 믿고 따라와 주시는 분들께 진심으로 존경과 감사의 말씀을 전합니다.

Dreams come true!
꿈은 반드시 이루어진다!

현명한 단기합격 길라잡이로서 더 좋은 모습으로 수업에서 뵙도록 하겠습니다.

이 교재에 나와 있는 적중 70제를 통해 단판승 할 수 있습니다.
꼭 승리합시다!

여러분들이 단기 합격을 이루시길 항상 응원합니다.

2023년 12월 노량진 연구실에서

진심을 다해 가르치는 영어 - 진가영

적중
자료

 HOW TO STUDY

2023년 6월 10일 시행 지방직 9급 공채 공무원 시험문제

23년 6월 지방직 1번

[1~4] 밑줄 친 부분의 의미와 가장 가까운 것을 고르시오.

1

Further explanations on our project will be given in subsequent presentations.

① required
② following
③ advanced
④ supplementary

완벽적중

23년 6월 지방직 2번

2

Folkways are customs that members of a group are expected o follow to show courtesy to others. For example, saying "excuse me" when you sneeze is an American folkway.

① charity
② humility
③ boldness
④ politeness

완벽적중

23년 6월 지방직 3번

3

These children have been brought up on a diet of healthy food.

① raised
② advised
③ observed
④ controlled

완벽적중

진가영 단기합격 영어어휘

단기합격 영어어휘 [DAY 29]

번호	단어	해석	유의어
9	subsequent	형 그 다음의, 이후의	ensuing

단기합격 영어어휘 [DAY 29]

번호	단어	해석	유의어
8	compulsory	의무적인, 강제적인, 필수의	mandatory, obligatory, imperative, required requisite

단기합격 영어어휘 부록편 [DAY 28]

번호	단어	해석
1013	follow	따라가다

단기합격 영어어휘 부록편 [DAY 47]

번호	단어	해석
1714	advance	전진, 발전, 전진하다, 나아가다

단기합격 영어어휘 [DAY 37]

번호	단어	해석
22	supplementary to	~을 보완하는

단기합격 영어어휘 [DAY 36]

번호	단어	해석	유의어
27	polite	예의 바른, 공손한, 정중한	courteous

단기합격 영어어휘 부록편 [DAY 03]

번호	단어	해석
100	charity	자선단체

단기합격 영어어휘 부록편 [DAY 28]

번호	단어	해석
1324	bold	전진, 발전, 전진하다, 나아가다

단기합격 영어어휘 [DAY 24]

번호	단어	해석	유의어
16	nurture	양육하다, 양성하다	raise, bring up

단기합격 영어어휘 [DAY 46]

번호	단어	해석	유의어
16	exhort	권하다, 권고[훈계]하다	권고[훈계]하다 admonish advise

단기합격 영어어휘 [DAY 58]

번호	단어	해석	유의어
12	observe	보다, 관찰하다, 준수하다	

단기합격 영어어휘 [DAY 07]

번호	단어	해석	유의어
10	dominate	지배하다, 통치하다	govern, control

2023 4월 8일 시행 국가직 9급 공채 공무원 시험문제

23년 4월 국가직 5번

5 밑줄 친 부분 중 어법상 옳지 않은 것은?

> While advances in transplant technology have made ①it possible to extend the life of individuals with end-stage organ disease, it is argued ②that the biomedical view of organ transplantation as a bounded event, which ends once a heart or kidney is successfully replaced, ③conceal the complex and dynamic process that more ④accurately represents the experience of receiving an organ.

완벽적중

23년 4월 국가직 5번

5 밑줄 친 부분 중 어법상 옳지 않은 것은?

> While advances in transplant technology have made ①it possible to extend the life of individuals with end-stage organ disease, it is argued ②that the biomedical view of organ transplantation as a bounded event, which ends once a heart or kidney is successfully replaced, ③conceal the complex and dynamic process that more ④accurately represents the experience of receiving an organ.

완벽적중

2023년 1월~4월 5일까지 진가영 일일모의고사 문제

[23년 1월] 일일 모의고사 16회

6 어법상 옳지 않은 것을 고르시오.

① What he likes best for breakfast is cornflakes.
② He hardly understands business cycles, much more economic fluctuation.
③ There are thousands of verbs in English, most of which are regular.
④ I think it proper to let him know of it.

④ 가목적어 + 진목적어를 취하는 동사인 think가 'think it(가목적어) 형용사(목적격 보어) to부정사(진목적어)'의 구조로 문법적으로 올바르게 쓰였다.

[23년 2월] 일일 모의고사 11회

7 어법상 옳지 않은 것을 고르시오.

① Moon having raised, we put out the light.
② I think it wrong to value money more than time.
③ It really annoys me when people forget to say thank you.
④ The lake is situated at the eastern extremity of the mountain range.

② 5형식 타동사 뒤에 '가목적어 it + 형용사나 명사 목적 보어 + 진목적어' 구조가 올바르게 쓰였다.

[23년 3월] 일일 모의고사 8회

8 어법상 옳지 않은 것을 고르시오.

① I think it wrong to value money more than time.
② I have many books, some of them are interesting.
③ They took great pains to accomplish their goal.
④ Neither of us knows what did happen last night.

① 가목적어 구문을 물어보는 문제로 'think it(가목적어) 형용사 to부정사(진목적어)'의 구조로 문법적으로 옳다.

[23년 1월] 일일 모의고사 18회

6 어법상 옳지 않은 것을 고르시오.

① She wants to be emerged from the same routine.
② You must arrive at the time stated.
③ It is said that the corruption in that organization is acute.
④ You may stay here so long as you keep quiet.

③ It be said that절은 'that절이라고 한다'는 의미의 3형식 say 동사 구조의 수동태 패턴으로 올바르게 쓰였다.

[23년 1월] 일일 모의고사 19회

7 우리말을 영어로 잘못 옮긴 것을 고르시오.

① 나는 이 사진을 볼 때마다 그녀가 생각난다.
 → I am never reminded of her without seeing the picture.
② 그 권고 조항들은 곧 시행될 것이다.
 → The recommendations will soon be put into effect.
③ 사람들이 악령에 씌일 수도 있다고 믿어졌다.
 → It was believed that people could be possessed by evil spirits.
④ 그 프로그램들은 나이든 사람들이 대학에서 공부할 수 있게 해준다.
 → The programs enable older people study at college.

③ 'that절의 수동태'에 대한 문제로 'They believed that절'을 'It was believed that절'로 표현한 것으로 문법적으로 옳다.

[23년 2월] 일일 모의고사 2회

7 어법상 옳지 않은 것을 고르시오.

① It was said that he had small chance to live through the night.
② You know better than behave like that.
③ She can't see him without thinking of her father.
④ This is not a psychological trait so much as a social one.

① 'that절의 수동태'에 대한 문제로 'They said that절'을 'It was said that절'로 표현한 것으로 문법적으로 옳다.

[23년 4월] 일일 모의고사 2회

7 어법상 옳지 않은 것을 고르시오.

① It is believed that the couple have left the country.
② You know better than ask me for such things.
③ She can't see him without being reminded of her father.
④ A man's worth lies not so much in his wealth as in his character.

① 목적어로 명사절인 'that절'을 취할 경우의 수동태 구조는 'It be p.p. that절'로 표현하므로 주어진 문장에서 'It is believed that절'은 올바르게 쓰였다.

수강 후기

수강생 김**

충남 교행 수석
영어 100점

★★★★★

가영쌤의 커리는 기본적으로 반복을 거듭해서 확실하게 기억하고 또 여러 방향으로 적용하면서 어떤 식으로 문제로 변형되어 나와도 확실하게 캐치할 수 있게 만드는 방향으로 진행됩니다. 특히 여러 번 강조해서 배우는, 자주 출제되는 중요한 내용들은 계속 따로 자료를 만들고, 또 특강으로도 계속 또 반복해서 빠짐없이 떠 먹여 주기까지 합니다. 따라가려고 노력만 하면 보상을 받을 수 있는 그런 시간을 보낼 수 있는 강의라고 생각합니다. 가영쌤은 또, 더 재밌는 강의를 위해 매번 좀 웃긴 거를 많이 준비해 오시는 것 같은 모습이 보이는데 많은 정성과 노력을 기울이고 계시다는 걸 느낄 수 있는 시간들이었습니다.

★★★★★

읽는 능력이 상대적으로 부족한 저로써는 전적으로 가영쌤의 독해 풀이방법에 의존할 수밖에 없었습니다!! 가영쌤의 독해 수업은 긴 지문 속에서 문제가 요구하는 답의 단서와 근거들을 빠른 시간 내에 찾는 방법을 알려주었습니다. 공무원 영어 독해 지문에는 정말로 다양한 주제가 나옵니다. 그런 주제들을 가영쌤은 기출 데이터 분석을 통해 주제별로 읽는 방법을 알려주시고 독해에서도 문법과 비슷하게 꼭 집중해야할 포인트들을 강조하면서 읽는 방법을 알려주셨습니다. 누군가는 단기간 내에 독해를 올리는 것이 어렵다고 하지만 저는 가영쌤을 만나서 단기간 내에 독해 능력을 몇배 이상은 올려 시험장에서 그 효과를 톡톡히 본 사람임으로 가영쌤을 만나면 독해에 대한 걱정과 두려움도 없어질 것이라 믿어 의심치 않습니다!!!

수강생 강**

사회복지직 9개월 단기합격
영어 100점

수강생 이**

교육행정직 합격
영어 85점

★★★★★

국가직 때도 그렇고 지방직까지 문제를 보면 솔직히 가영쌤이 가르쳐 주신 범위에서 벗어나는 문제는 찾기 힘들었습니다. 찐 경험자로서 이제 막 공시를 시작하시는 분들이라면 가영쌤이 시키시는 대로 수업을 듣고 꾸준히 복습하고 인증하고 쭉 따라 보면 분명히 고득점이 나올 수 있다고 확신합니다. 쌤! 1년 동안 영어인증 한다고 해 놓고 계속 도망가고, 공부 안 하고, 말 안 듣고, 시작할 때 영어 1, 2, 3형식도 모르던 제자인데도 불구하고 곁에서 항상 응원해 주시고, 믿어 주셔서 감사합니다.

★★★★★

영어가 가장 약했고 '25분 안에 80점 이상을 맞는 게 내가 정말 할 수 있을까?'라는 걱정이 많았습니다. 강의를 들어보니 잘난 체가 아닌 교수님의 실력에 대한 자부심이 느껴져서 더욱 신뢰를 하게 되었습니다. 단어는 위의 학습 및 방법의 스터디 부분에 적은 대로 했고 문법은 심화 때까지 전가영 교수님께서 가르쳐 주신 것만 공부하면서 그 다음부터 스스로 약한 부분, 잘 모르는 부분을 선별하여 지속적으로 보았습니다. 혹시 독해가 약하거나 시간이 오래 걸린다면 무조건 추천합니다. 대강하지 말고 본인이 독해를 잘 못하면 못할수록 꼼꼼히 하시길 추천합니다.

수강생 배**

국가직 지방직 2관왕
영어 85점

★★★★★

저는 영어 독해 한 문제 읽을 때 거의 3분씩 걸려서 진짜 고민이 많았는데 가영쌤이
문제 유형마다 답을 찾는 근거를 확인시켜 주시고 그대로 따르니 결국은 영어도
정복이 되더라고요. 영어가 점점 쉬워지는 기조이긴 하지만 저처럼 독해 한 문제에
오랜 시간이 걸리시는 분들은 먼저 어휘, 문법을 정복하시는 것을 추천드립니다. 어
차피 독해에서 시간 줄이는 것은 한계가 있으니 어휘 문법에서 시간을 아껴야합니
다! 어휘, 문법도 가영쌤의 무한반복을 통해 저절로 암기가 되는 기적을 맛볼 수 있
습니다.

수강생 양**

일반행정직 합격
영어 100점

★★★★★

학생 한 명 한 명 진심으로 대해주시고 상담도 너무 잘해주셔서 추천합니다. 동형모
의고사에서 시험 느낌을 그대로 느낄 수 있었고, 실제 시험장에서도 동형모의고사
를 푸는 느낌이 들 정도로 좋은 퀄리티의 문제들을 출제해주시기 때문에 추천합니
다! 그동안 가영쌤께서 중요하다고 강조하신 문법들, 어휘도 이상하고 신비한 어휘
말고 중요한 어휘가 나온다고 강조하셨던 것들이 다 시험에 나와서 '역시 영어는 가
영쌤!!'하고 속으로 생각하면서 문제 풀었습니다. 마지막으로 항상 에너지 넘치시는
가영쌤 보면서 저도 더욱 힘을 받았던 것 같고, 수업을 정말 지루하지 않게 하셔서
졸릴 새가 없었습니다 ㅎㅎ 지금까지 좋은 강의 해주셔서 너무 감사하고 앞으로 많
은 분들이 가영쌤 수업을 선택하셔서 합격의 맛을 볼 수 있길 바랍니다!!!♥

수강생 김**

일반행정직 7개월 단기합격
영어 95점

★★★★★

영어는 진가영 교수님 커리큘럼을 그대로 따라 갔습니다. 영어 독해의 경우 선생님
이 가르쳐주시는 문제풀 방법이 매우 유용합니다. 강의를 듣고 공부를 조금만 하
면 무리 없이 알 수 있는 부분입니다. 가장 핵심은 단어라고 생각해서 단어를 열심
히 외우는 것으로 독해도 같이 해결되는 것 같습니다. 다만 단어를 열심히 외워서
단어를 아는데도 독해가 잘 안되신다면 직독직해 강의도 들으면서 연습을 통해 빠
른 독해 능력을 기르실 필요는 있습니다.

수강생 이**

세무직 합격
영어 90점

수강생 박**

교육행정직 합격
영어 85점

★★★★★

독해 문제는 처음부터 끝까지 다 읽고 이해가 되는 것은 맞고, 느낌으로 풀기도 하
고, 전체를 다 읽다보니 시간이 매번 부족했는데, 가영쌤이 유형마다 읽는 방법 등
을 알려주시고, 무엇보다 실제 수업도 수험생이 시험을 볼 때처럼 접근해서 수업을
해주시기 때문에 더 좋았습니다.

GUIDE

최신 문법 출제 경향

생활영어 영역 [3문항]

▶ 생활영어 표현을 알아야 풀 수 있는 난도 높은 변별력 문제 출제
▶ 암기가 필요한 표현형이 아닌 맥락 파악을 통한 정답 찾기 가능한 문제 출제
▶ 해석만 하면 되는 평이하고 쉬운 문제 출제

① 빈칸 유형(2문항) – 글의 중심 내용과 앞 문장과 뒤 문장의 맥락이 결정적인
　　　　　　　　　　　 단서를 제공
② 대화 유형(1문항) – A와 B의 대화가 겉으로 보기에는 자연스러워 보이지만
　　　　　　　　　　　 내포된 의미가 다른 경우
　　　　　　　　　　 – A와 B의 대화 속에 특정 표현이 들어있고 이 대화의
　　　　　　　　　　　 의미가 서로 다른 경우
　　　　　　　　　　 – 주로 특정 표현을 알고 있는지 물어보는 문제가 자주 출제

[10번] **〈빈칸형〉**	A: I got this new skin cream from a drugstore yesterday. It is supposed to remove all wrinkles and make your skin look much younger. B: _____
	① I don't buy it. ② It's too pricey. ③ I can't help you out. ④ Believe it or not, it's true.
[11번] **〈빈칸형〉**	A: Oh, that's a great idea. What else should I check out? B: _____
	① This is the map that your client needs. Here you go. ② A guided tour to the river park. It takes all afternoon. ③ You should check it out as soon as possible. ④ The checkout time is three o'clock.
[12번] **〈대화형〉**	① A: 그가 드디어 흥행한 영화에 나왔어! 　 B: 그럼, 그는 성공한 거네. ② A: 지금 조금 피곤해져가고 있어. 　 B: 그럼 오늘은 여기까지 하자. ③ A: 아이들이 생일 파티에 갈 거야. 　 B: 그래서 그건 식은 죽 먹기였어. ④ A: 어제 그가 왜 일찍 집에 갔는지 궁금해. 　 B: 아마 그가 기분이 좋지 않았을 것 같아.

📊 2023년 9급 지방직 기출 내용 분석

생활영어 영역 [3문항]

▶ 생활영어 표현을 알아야 풀 수 있는 난도 높은 변별력 문제 출제
▶ 암기가 필요한 표현형이 아닌 맥락 파악을 통한 정답 찾기 가능한 문제 출제
▶ 해석만 하면 되는 평이하고 쉬운 문제 출제

① 빈칸 유형(2문항) – 글의 중심 내용과 앞 문장과 뒤 문장의 맥락이 결정적인
　　　　　　　　　　단서를 제공
② 대화 유형(1문항) – A와 B의 대화가 겉으로 보기에는 자연스러워 보이지만
　　　　　　　　　　내포된 의미가 다른 경우
　　　　　　　　　 – A와 B의 대화 속에 특정 표현이 들어있고 이 대화의
　　　　　　　　　　의미가 서로 다른 경우
　　　　　　　　　 – 주로 특정 표현을 알고 있는지 물어보는 문제가 자주 출제

[9번] 〈빈칸형〉	A: Pardon me, but could you give me a hand, please? B: _____ ① We have no idea how to handle this situation. ② Would you mind telling us who is in charge? ③ Yes. I could use some help around here. ④ Sure. Can I help you with anything?
[10번] 〈빈칸형〉	A: Probably they were on all night. B: _____ ① Don't worry. This machine is working fine. ② That's right. Everyone likes to work with you. ③ I'm sorry. I promise I'll be more careful from now on. ④ Too bad. You must be tired because you get off work too late.
[11번] 〈대화형〉	① A: 머리는 어떻게 하고 싶으세요? 　B: 머리 색깔이 조금 싫증나서요. 염색하고 싶어요. ② A: 지구 온난화를 늦추기 위해 우리가 할 수 있는 것은 무엇인가요? 　B: 우선, 우리는 더 많은 대중교통 수단을 이용할 수 있어요. ③ A: Anna, 너야? 오랜만이야! 얼마만이야? 　B: 차로 약 한 시간 반 정도 걸렸어. ④ A: Paul이 걱정돼. 행복하지 않아 보여. 어떻게 해야 할까? 　B: 내가 너라면, 그가 자기 문제에 대해 얘기할 때까지 기다릴 거야.

이 책의
목차

진가영영어

단번에 판단해서 승리하는 적중 생활영어!

최신 기출 생활영어

최신 기출 생활영어

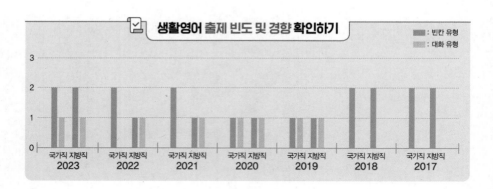

생활영어 출제 빈도 및 경향 **확인하기**

: 빈칸 유형
: 대화 유형

국가직 지방직
2023

국가직 지방직
2022

국가직 지방직
2021

국가직 지방직
2020

국가직 지방직
2019

국가직 지방직
2018

국가직 지방직
2017

출제 유형 01 빈칸 유형

☙ 대화 속 빈칸에 들어갈 알맞은 내용을 묻는 문제 유형
☙ 주로 글의 중심 내용과 빈칸 앞 문장과 뒤 문장에서 결정적인 단서가 제공됨

알고리즘 01 해석만 하면 되는 평이하고 쉬운 문제

A : Pardon me, but could you give me a hand, please?
　　죄송합니다. 혹시 도와주실 수 있으세요?
B : <u>Sure. Can I help you with anything?</u>
　　물론이죠. 무엇을 도와드릴까요?
A : I'm trying to find the Personnel Department. I have an appointment at 10.
　　인사과를 찾고 있는데요. 10시에 약속이 있어서요.

알고리즘 02 ㅣ 헷갈리는 선지들로 인해 맥락 파악을 통한 정확한 정답 찾기를 요구하는 문제

A : I'd like to go sightseeing downtown. Where do you think I should go?
시내 관광여행을 하고 싶어요. 제가 어디로 가야 할까요?

B : I strongly suggest you visit the national art gallery.
국립 미술관에 가보시기를 강력히 추천드려요.

A : Oh, that's a great idea. What else should I check out?
오, 좋은 생각이네요. 또 어떤 곳을 봐야 할까요?

B : A guided tour to the river park. It takes all afternoon.
강 공원 안내 투어요. 오후 내내 걸릴 거예요.

A : I don't have time for that. I need to meet a client at three.
저는 그럴 시간이 없어요. 3시에 고객을 만나야 하거든요.

> 헷갈리는 선지 ③ You should check it out as soon as possible. 가능한 한 빨리 확인해 보셔야 해요.
> ④ The checkout time is three o'clock. 체크아웃 시간은 3시예요.

알고리즘 03 ㅣ 생활영어 표현을 알아야 풀 수 있는 변별력 문제 출제

A : I got this new skin cream from a drugstore yesterday. It is supposed to remove all wrinkles and make your skin look much younger.
어제 약국에서 새로 산 스킨 크림이야. 주름도 다 제거하고 피부도 젊어 보이게 해준대.

B : I don't buy it.
나는 안 믿어.

A : Why don't you believe it? I've read in a few blogs that the cream really works.
왜 안 믿어? 나는 몇몇 블로그에서 크림이 정말 효과가 있다는 걸 읽었어.

출제 유형 02 | 대화 유형

🦋 A와 B 짧은 대화가 선택지로 주어지는 문제 유형

알고리즘 01 | 해석만 하면 되는 평이하고 쉬운 문제

A : What can we do to slow down global warming?
지구 온난화를 늦추기 위해 우리가 할 수 있는 일은 무엇일까요?
B : First of all, we can use more public transportation.
우선, 우리는 더 많은 대중교통을 이용해야 합니다.

알고리즘 02 | 대화가 자연스러워 보이나 어휘에 내포된 다른 의미로 인해 어색한 대화가 되는 경우

A : The kids are going to a birthday party.
아이들이 생일 파티에 갈 거야.
B : So, it was a piece of cake.
그래서 그건 식은 죽 먹기였어.

알고리즘 03 | A와 B의 대화 속에 특정 표현이 들어있어서 특정 표현을 알아야 풀 수 있는 유형

A : I wonder why he went home early yesterday.
어제 그가 왜 일찍 집에 갔을까 궁금해.
B : I think he was under the weather.
그는 몸 상태가 좋지 않았던 것 같아.

01 2023년도 국가직 · 지방직 9급

단 번에 **판** 단해서 **승** 리하는 **최신 기출 생활영어 표현**

2023 1순위 기출 생활영어 표현

01 **Would you mind ~ing?** ~해도 괜찮으세요?
02 **Why don't you ~?** ~하는 게 어때요?
03 **Can I help you with anything?** 무엇을 도와드릴까요?
04 **Long time no see!** 오랜만이야!
05 **How long has it been?** 이게 얼마 만이야?
06 **call it a day** 하루 일을 그만 끝내다
07 **a piece of cake** 식은 죽 먹기
08 **under the weather** 몸이 안 좋은

2023 2순위 기출 생활영어 표현

01 **I don't buy it.** 난 안 믿어.
02 **go sightseeing downtown** 시내 관광여행을 하다
03 **believe it or not** 믿기 힘들겠지만
04 **pardon me** 뭐라고요(상대방의 말을 알아듣지 못했을 때 다시 말해 달라는 뜻으로 하는 말)
　　　　실례합니다, 죄송합니다
05 **Here you go.** (상대방에게 무엇을 주면서) 여기 있어요.
06 **I see.** 알겠어요., 그렇군요.

2023 3순위 기출 생활영어 표현

01 **How would you like your hair done?** 머리를 어떻게 해드릴까요?
02 **around the corner** 모퉁이를 돌아서, 코앞에, 임박하여, 위기를 넘겨
03 **be on** 켜져 있다
04 **get off work** 퇴근하다
05 **got it made** 성공했다

실전 기출문제 | 2023. 국가직 9급

1. 밑줄 친 부분에 들어갈 말로 알맞은 것은?

시험중요도 ★★★★☆

> A : I got this new skin cream from a drugstore yesterday. It is supposed to remove all wrinkles and make your skin look much younger.
>
> B : _____
>
> A : Why don't you believe it? I've read in a few blogs that the cream really works.
>
> B : I assume that the cream is good for your skin, but I don't think that it is possible to get rid of wrinkles or magically look younger by using a cream.
>
> A : You are so pessimistic.
>
> B : No, I'm just being realistic. I think you are being gullible.

① I don't buy it.

② It's too pricey.

③ I can't help you out.

④ Believe it or not, it's true.

답이 보이는 생활영어 표현 TEST

01 I don't buy it. 图

02 believe it or not 图

지문 어휘 TEST

01 drugstore 图

02 be supposed to부정사 图

03 wrinkle 图

04 pricey 图

05 work 图

06 get rid of 图

07 pessimistic 图

08 gullible 图

09 too pricey 图

10 help out 图

답이 보이는 생활영어 표현 확인하기

01 I don't buy it. 난 안 믿어.

02 believe it or not 믿기 힘들겠지만

지문 어휘 확인하기

01 drugstore 약국(약품뿐만 아니라 화장품 같은 다른 품목도 취급함)

02 be supposed to부정사 ~하기로 되어 있다

03 wrinkle 주름, 주름이 생기다

04 pricey 값비싼

05 work 일하다, 작동하다, 효과가 있다

06 get rid of 제거하다, ~을 없애다

07 pessimistic 비관적인

08 gullible 남을 잘 믿는, 잘 속아 넘어가는

09 too pricey 너무 비싼

10 help out 도와주다

해석 확인하기

A : 어제 약국에서 새로 산 스킨 크림이야. 주름도 다 제거하고 피부도 젊어 보이게 해준대.
B : 나는 안 믿어.
A : 왜 안 믿어? 나는 몇몇 블로그에서 크림이 정말 효과가 있다는 걸 읽었어.
B : 난 크림이 피부에 좋다고는 생각하지만, 크림을 사용해서 주름을 없애거나 마법처럼 어려 보이는 것은 불가능하다고 생각해.
A : 너는 너무 비관적이야.
B : 아니야, 나는 그냥 현실적으로 말하는 거야. 나는 네가 잘 속는 것 같아.

① 나는 안 믿어.
② 그것은 너무 비싸.
③ 난 너를 도와줄 수 없어.
④ 믿기 힘들겠지만, 이건 사실이야.

 정답 ①

실전 기출문제 2023. 국가직 9급

2. 밑줄 친 부분에 들어갈 말로 알맞은 것은?

시험중요도 ★★☆☆☆

A : I'd like to go sightseeing downtown. Where do you think I should go?

B : I strongly suggest you visit the national art gallery.

A : Oh, that's a great idea. What else should I check out?

B : _____

A : I don't have time for that. I need to meet a client at three.

B : Oh, I see. Why don't you visit the national park, then?

A : That sounds good. Thank you!

① This is the map that your client needs. Here you go.

② A guided tour to the river park. It takes all afternoon.

③ You should check it out as soon as possible.

④ The checkout time is three o'clock.

답이 보이는 생활영어 표현 TEST

01 go sightseeing downtown 🔊

03 Why don't you ~? 🔊

04 I see. 🔊

05 Here you go. 🔊

지문 어휘 TEST

01 national art gallery 🔊

02 check out 🔊

03 guided tour 🔊

04 it takes 시간 🔊

05 as soon as possible 🔊

답이 보이는 생활영어 표현 확인하기

01 go sightseeing downtown 시내 관광여행을 하다
02 Why don't you ~? ~하는 게 어때요?
03 I see. 알겠어요., 그렇군요.
04 Here you go. (상대방에게 무엇을 주면서) 여기 있어요

지문 어휘 확인하기

01 national art gallery 국립 미술관
02 check out ~을 확인[조사]하다, (흥미로운 것을) 살펴보다[보다],
         (호텔 등에서 비용을 지불하고) 나가다[체크아웃하다]
03 guided tour 안내 투어
04 it takes 시간 시간이 걸리다
05 as soon as possible 가능한 한 빨리

해석 확인하기

A : 시내 관광여행을 하고 싶어요. 제가 어디로 가야 할까요?
B : 국립 미술관에 가보시기를 강력히 추천드려요.
A : 오, 좋은 생각이네요. 또 어떤 곳을 봐야 할까요?
B : 강 공원 안내 투어요. 오후 내내 걸릴 거에요.
A : 저는 그럴 시간이 없어요. 3시에 고객을 만나야 하거든요.
B : 아, 그렇군요. 그럼 국립 공원에 가보시는 건 어때요?
A : 좋네요. 고마워요!

① 이것이 당신의 고객이 필요로 하는 지도예요. 자 여기 있어요.
② 강 공원 안내 투어요. 오후 내내 걸릴 거에요.
③ 가능한 한 빨리 확인해 보셔야 해요.
④ 체크아웃 시간은 3시예요.

정답 ②

실전 기출문제   2023. 국가직 9급

3. 두 사람의 대화 중 자연스럽지 않은 것은?

시험중요도 ★★★★☆

① A : He's finally in a hit movie!

   B : Well, he's got it made.

② A : I'm getting a little tired now.

   B : Let's call it a day.

③ A : The kids are going to a birthday party.

   B : So, it was a piece of cake.

④ A : I wonder why he went home early yesterday.

   B : I think he was under the weather.

답이 보이는 생활영어 표현 TEST

01 got it made 🔲

02 call it a day 🔲

03 a piece of cake 🔲

04 under the weather 🔲

지문 어휘 TEST

01 hit movie 🔲

02 tired 🔲

03 wonder 🔲

답이 보이는 생활영어 표현 확인하기

01 got it made 성공했다

02 call it a day 하루 일을 그만 끝내다

03 a piece of cake 식은 죽 먹기

04 under the weather 몸이 안 좋은

지문 어휘 확인하기

01 hit movie 흥행 영화

02 tired 피곤한, 지친

03 wonder 궁금하다, 경이, 놀라움

해석 확인하기

① A: 그가 드디어 인기 영화에 나왔어!
  B: 음, 그는 성공한 것 같아.
② A: 내가 조금씩 지쳐 가고 있어.
  B: 그럼 오늘은 여기까지 하자.
③ A: 아이들이 생일 파티에 갈 거야.
  B: 그래서 그건 식은 죽 먹기였어.
④ A: 어제 그가 왜 일찍 집에 갔을까 궁금해.
  B: 그는 몸 상태가 좋지 않았던 것 같아.

정답 ③

실전 기출문제 2023. 지방직 9급

4. 밑줄 친 부분에 들어갈 말로 가장 적절한 것은?

시험중요도 ★★★★★

> A : Pardon me, but could you give me a hand, please?
> B : _____
> A : I'm trying to find the Personnel Department. I have an appointment at 10.
> B : It's on the third floor.
> A : How can I get up there?
> B : Take the elevator around the corner.

① We have no idea how to handle this situation.
② Would you mind telling us who is in charge?
③ Yes. I could use some help around here.
④ Sure. Can I help you with anything?

답이 보이는 생활영어 표현 TEST

01 pardon me 图
02 around the corner 图
03 Would you mind ~ing? 图
04 Can I help you with anything? 图

지문 어휘 TEST

01 give a hand 图   02 personnel department 图
03 appointment 图   04 handle 图
05 have no idea 图   06 be in charge 图

답이 보이는 생활영어 표현 확인하기

01 pardon me 뭐라고요(상대방의 말을 알아듣지 못했을 때 다시 말해 달라는 뜻으로 하는 말) 실례합니다, 죄송합니다

02 around the corner 모퉁이를 돌아서, 코앞에, 임박하여, 위기를 넘겨

03 Would you mind ~ing? ~해도 괜찮으세요?

04 Can I help you with anything? 무엇을 도와드릴까요?

지문 어휘 확인하기

01 give a hand 도와주다, 거들어주다

02 personnel department 인사과, 인사 담당 부서

03 appointment 약속, 임명, 직책

04 handle 다루다, 처리하다

05 have no idea 전혀[하나도] 모르다

06 be in charge 담당하다, 맡다

해석 확인하기

A : 실례합니다. 혹시 저를 도와주실 수 있으세요?
B : 물론이죠. 무엇을 도와드릴까요?
A : 인사과를 찾고 있는데요. 10시에 약속이 있어서요.
B : 3층에 있습니다.
A : 그곳에는 어떻게 올라가야 하나요?
B : 모퉁이를 돌아 엘리베이터를 타세요.

① 우리는 이 상황을 어떻게 처리해야 할지 전혀 모르겠습니다.
② 누가 담당자인지 우리에게 말해주시겠습니까?
③ 네. 저는 이 근처에서 도움이 좀 필요합니다.
④ 물론이죠. 무엇을 도와드릴까요?

정답 ④

실전 기출문제 | **2023. 지방직 9급**

5. 밑줄 친 부분에 들어갈 말로 가장 적절한 것은?

시험중요도 ★☆☆☆☆

> A : You were the last one who left the office, weren't you?
>
> B : Yes. Is there any problem?
>
> A : I found the office lights and air conditioners on this morning.
>
> B : Really? Oh, no. Maybe I forgot to turn them off last night.
>
> A : Probably they were on all night.
>
> B : _____

① Don't worry. This machine is working fine.

② That's right. Everyone likes to work with you.

③ I'm sorry. I promise I'll be more careful from now on.

④ Too bad. You must be tired because you get off work too late.

답이 보이는 생활영어 표현 TEST

01 be on 표

02 get off work 표

지문 어휘 TEST

01 air conditioner 표

02 turn off 표

03 work 표

04 from now on 표

답이 보이는 생활영어 표현 확인하기

01 be on 켜져 있다
02 get off work 퇴근하다

지문 어휘 확인하기

01 air conditioner 에어컨
02 turn off (전기·가스·수도 등을) 끄다
03 work 일하다, 작동하다, 효과가 있다
04 from now on 앞으로는, 이제부터

해석 확인하기

A: 당신이 마지막으로 퇴근하셨죠, 그렇죠?
B: 네, 무슨 문제라도 있으신가요?
A: 오늘 아침 사무실 전등과 에어컨이 켜져 있는 것을 발견했어요.
B: 정말요? 이런. 아마도 제가 어젯밤에 전원 끄는 것을 깜빡한 것 같아요.
A: 아마 밤새 켜져 있었을 거예요.
B: 죄송합니다. 앞으로는 더 조심할게요.

① 걱정하지 마세요. 이 기계는 잘 작동해요.
② 맞아요. 다들 당신과 같이 일하는 걸 좋아해요.
③ 죄송합니다. 앞으로는 더 조심할게요.
④ 안타깝네요. 퇴근이 너무 늦게 퇴근해서 피곤하겠어요.

정답 ③

실전 **기출문제** | 2023. 지방직 9급

6. 두 사람의 대화 중 자연스럽지 않은 것은?

시험중요도 ★★☆☆☆

① A : How would you like your hair done?

  B : I'm a little tired of my hair color. I'd like to dye it.

② A : What can we do to slow down global warming?

  B : First of all, we can use more public transportation.

③ A : Anna, is that you? Long time no see! How long has it been?

  B : It took me about an hour and a half by car.

④ A : I'm worried about Paul. He looks unhappy. What should I do?

  B : If I were you, I'd wait until he talks about his troubles.

답이 보이는 생활영어 표현 TEST

01 How would you like your hair done? 🔊

02 Long time no see! 🔊

03 How long has it been? 🔊

지문 어휘 TEST

01 first of all 🔊

02 be tired of 🔊

03 dye 🔊

04 slow down 🔊

05 public transportation 🔊

06 It takes 사람 시간 to부정사 🔊

답이 보이는 생활영어 표현 확인하기

01 How would you like your hair done? 머리를 어떻게 해드릴까요?

02 Long time no see! 오랜만이야!

03 How long has it been? 이게 얼마 만이야?

지문 어휘 확인하기

01 first of all 우선, 가장 먼저

02 be tired of 질리다, 싫증이 나다

03 dye 염색하다

04 slow down 늦추다

05 public transportation 대중교통

06 It takes 사람 시간 to부정사 ~가 …하는 데 시간이 걸리다

해석 확인하기

① A: 머리를 어떻게 해드릴까요?
　 B: 머리 색깔이 좀 질렸어요. 염색하고 싶어요.
② A: 지구 온난화를 늦추기 위해 우리가 할 수 있는 일은 무엇일까요?
　 B: 우선, 우리는 더 많은 대중교통을 이용해야 합니다.
③ A: Anna, 너야? 오랜만이야! 이게 얼마 만이야?
　 B: 차로 한 시간 반 정도 걸렸어.
④ A: Paul이 걱정되네요. 그가 기분이 안 좋아 보이는데 어떻게 하죠?
　 B: 제가 당신이라면, 그가 고민을 털어놓을 때까지 기다리겠어요.

정답 ③

02 2022년도 국가직 · 지방직 9급

단 번에 **판** 단해서 **승** 리하는 **최신 기출 생활영어 표현**

2022 1순위 기출 생활영어 표현

01 how about ~? ~는 어때?
02 dress up (보통 때보다 더) 옷을 갖춰[격식을 차려] 입다
03 May I help you? 무엇을 도와드릴까요?
04 (It's) my pleasure. (감사의 말에 대하여) 도움이 되어[도와드릴 수 있어서] 저도 기뻐요.
05 can't thank you enough 대단히 감사합니다, 뭐라 감사의 말씀을 드려야 할지 모르겠어요
06 feel like ~ing ~하고 싶다
07 Let me try it on. 한 번 입어볼게요.

2022 2순위 기출 생활영어 표현

01 I just checked it out. 나는 방금 그것을 확인했어.
02 be over 끝나다
03 that's why 그래서 ~하다, 그것이 ~하는 이유이다
04 beat oneself up 자책하다
05 owe you a treat for ~에 대해 신세를 지다

2022 3순위 기출 생활영어 표현

01 They got a new caterer. 그들은 새로운 음식 공급업체를 구했어.

MEMO

실전 **기출문제** | 2022. 국가직 9급

7. 밑줄 친 부분에 들어갈 말로 가장 적절한 것은?

시험중요도 ★★☆☆☆

> A : I heard that the university cafeteria changed their menu.
> B : Yeah, I just checked it out.
> A : And they got a new caterer.
> B : Yes. Sam's Catering.
> A : _____?
> B : There are more dessert choices. Also, some sandwich choices were removed.

① What is your favorite dessert
② Do you know where their office is
③ Do you need my help with the menu
④ What's the difference from the last menu

답이 보이는 **생활영어 표현 TEST**

　01　I just checked it out. 🔊
　02　They got a new caterer. 🔊

지문 어휘 **TEST**

　01　cafeteria 🔊
　02　check out 🔊
　03　caterer 🔊

답이 보이는 생활영어 표현 확인하기

01 I just checked it out. 나는 방금 그것을 확인했어.

02 They got a new caterer. 그들을 새로운 음식 공급업체를 구했어.

지문 어휘 확인하기

01 cafeteria 구내식당

02 check out ~을 확인[조사]하다, (흥미로운 것을) 살펴보다[보다],
(호텔 등에서 비용을 지불하고) 나가다[체크아웃하다]

03 caterer 음식 공급 업체, 음식 공급자(사)

해석 확인하기

A : 대학 구내식당이 메뉴를 바꿨다고 들었어.
B : 응, 방금 확인했어.
A : 그리고 그들은 새로운 음식 공급 업체를 구했어.
B : 맞아, Sam's Catering이야.
A : <u>지난번 메뉴와 어떤 점이 달라?</u>
B : 디저트 메뉴가 더 있어. 또, 샌드위치 종류 몇 가지가 제외되었어.

① 네가 가장 좋아하는 디저트는 뭐야
② 그들의 사무실이 어디 있는지 아니
③ 메뉴에 관해 내 도움이 필요하니
④ 지난번 메뉴와 어떤 점이 달라

정답 ④

실전 **기출문제** **2022. 국가직 9급**

8. 밑줄 친 부분에 들어갈 말로 가장 적절한 것은?

시험중요도 ★☆☆☆☆

> A : Hi there. May I help you?
> B : Yes, I'm looking for a sweater.
> A : Well, this one is the latest style from the fall collection. What do you think?
> B : It's gorgeous. How much is it?
> A : Let me check the price for you. It's $120.
> B : _____.
> A : Then how about this sweater? It's from the last season, but it's on sale for $50.
> B : Perfect! Let me try it on.

① I also need a pair of pants to go with it

② That jacket is the perfect gift for me

③ It's a little out of my price range

④ We are open until 7 p.m. on Saturdays

답이 보이는 **생활영어 표현 TEST**

01 **May I help you?** 율

02 **how about ~?** 율

03 **Let me try it on.** 율

지문 어휘 TEST

01 **look for** 율   02 **latest** 율

03 **gorgeous** 율   04 **on sale** 율

05 **try on** 율   06 **go with** 율

07 **a little** 율   08 **price range** 율

답이 보이는 생활영어 표현 확인하기

01 May I help you? 무엇을 도와드릴까요?
02 how about ~? ~는 어때?
03 Let me try it on. 한 번 입어볼게요.

Chapter
02

지문 어휘 확인하기

01 look for 찾다
02 latest 최신의
03 gorgeous 아주 멋진[아름다운, 좋은]
04 on sale 할인 중인
05 try on 옷 따위를 입어(신어) 보다
06 go with 어울리다
07 a little 다소의, 약간의, 조금 있는
08 price range 가격대, 가격폭

해석 확인하기

A : 안녕하세요. 무엇을 도와드릴까요?
B : 네, 스웨터를 찾는 중이에요.
A : 음, 이것은 이번 가을 컬렉션으로 나온 최신 스타일이에요. 어떠세요?
B : 아주 멋진데요. 얼마예요?
A : 가격을 확인해드릴게요. 120달러예요.
B : 제 가격대를 좀 벗어났어요.
A : 그럼 이 스웨터는 어떠세요? 지난 시즌에 나온 건데, 50달러로 할인 중이에요.
B : 완벽해요! 한 번 입어볼게요.

① 나는 그것에 어울리는 바지도 필요해요
② 그 자켓은 나에게 완벽한 선물이에요
③ 제 가격대를 좀 벗어났어요
④ 토요일은 저녁 7시까지 영업합니다

정답 ③

실전 기출문제 | 2022. 지방직 9급

9. 두 사람의 대화 중 가장 어색한 것은?

시험중요도 ★★★☆☆

① A : I like this newspaper because it's not opinionated.

B : That's why it has the largest circulation.

② A : Do you have a good reason for being all dressed up?

B : Yeah, I have an important job interview today.

③ A : I can hit the ball straight during the practice but not during the game.

B : That happens to me all the time, too.

④ A : Is there any particular subject you want to paint on canvas?

B : I didn't do good in history when I was in high school.

답이 보이는 생활영어 표현 TEST

01 that's why 🔊

02 dress up 🔊

지문 어휘 TEST

01 opinionated 🔊

02 circulation 🔊

03 straight 🔊

04 all the time 🔊

05 particular 🔊

06 subject 🔊

Chapter
02

답이 보이는 생활영어 표현 확인하기

01 that's why 그래서 ~하다, 그것이 ~하는 이유이다

02 dress up (보통 때보다 더) 옷을 갖춰[격식을 차려] 입다

지문 어휘 확인하기

01 opinionated 자기 의견을 고집하는, 독선적인

02 circulation (신문·잡지의) 판매 부수

03 straight 똑바로, 곧장, 일직선의, 곧은

04 all the time 아주 자주, 내내, 줄곧

05 particular 특정한, 특별한

06 subject 주제, 문제, 학과, 과목, 대상

해석 확인하기

① A: 저는 이 신문이 자기 의견을 고집하지 않아서 마음에 듭니다.
   B: 그래서 그것은 판매 부수가 가장 많습니다.
② A: 옷을 차려입은 이유가 있나요?
   B: 네, 오늘 중요한 면접이 있습니다.
③ A: 저는 연습 때는 공을 똑바로 칠 수 있지만 경기 때는 못 쳐요.
   B: 저한테도 그런 일이 아주 자주 일어나요.
④ A: 캔버스에 그리고 싶은 특정한 주제가 따로 있습니까?
   B: 저는 고등학교 때 역사 공부를 잘 못 했어요.

정답 ④

실전 기출문제 | 2022. 지방직 9급

10. 밑줄 친 부분에 들어갈 말로 가장 적절한 것은?

시험중요도 ★★★☆☆

A : Hey! How did your geography test go?
B : Not bad, thanks. I'm just glad that it's over! How about you? How did your science exam go?
A : Oh, it went really well. _____.
   I owe you a treat for that.
B : It's my pleasure. So, do you feel like preparing for the math exam scheduled for next week?
A : Sure. Let's study together.
B : It sounds good. See you later.

① There's no sense in beating yourself up over this
② I never thought I would see you here
③ Actually, we were very disappointed
④ I can't thank you enough for helping me with it

답이 보이는 생활영어 표현 TEST

01 be over 표
02 how about ~? 표
03 owe you a treat for 표
04 (It's) my pleasure. 표
05 beat oneself up 표
06 can't thank you enough 표

지문 어휘 TEST

01 geography 표
02 go well 표
03 feel like ~ing 표

답이 보이는 생활영어 표현 확인하기

01 be over 끝나다

02 how about ~? ~는 어때?

03 owe you a treat for ~에 대해 신세를 지다

04 (It's) my pleasure. (감사의 말에 대하여) 도움이 되어[도와드릴 수 있어서] 저도 기뻐요.

05 beat oneself up 자책하다

06 can't thank you enough 대단히 감사합니다, 뭐라 감사의 말씀을 드려야 할지 모르겠어요

지문 어휘 확인하기

01 geography 지리학

02 go well 잘 되다

03 feel like ~ing ~하고 싶다

해석 확인하기

A : 이봐! 지리학 시험은 어땠어?

B : 나쁘지 않았어, 고마워. 난 그냥 끝났다는 게 기뻐! 너는 어때? 과학 시험은 어땠어?

A : 오, 그건 정말 잘 됐어. 그것을 도와줘서 너에게 정말 고마워. 그것 때문에 너한테 신세를 졌어.

B : 도움이 되어 나도 기뻐. 그래서 다음 주에 있을 수학 시험을 준비하고 싶어?

A : 물론이지. 같이 공부하자.

B : 좋아. 나중에 봐.

① 이 일에 자책하는 건 의미가 없어

② 너를 여기서 보게 될 줄은 꿈에도 몰랐어

③ 사실, 우리가 매우 실망했어

④ 그것을 도와줘서 너에게 정말 고마워

정답 ④

03 2021년도 국가직 · 지방직 9급

단 번에 **판** 단해서 **승** 리하는 **최신 기출 생활영어 표현**

2021 1순위 기출 생활영어 표현

01 **on the tip of one's tongue** 말이 허끝에서 뱅뱅 돌며 (생각이 안 나는)
02 **that's why** 그래서 ~하다, 그것이 ~하는 이유이다
03 **That's the word.** 내 말이 그 말이다.
04 **wouldn't mind ~ing** ~하면 좋겠다, 상관없다
05 **go to the movies** 영화 보러 가다

2021 2순위 기출 생활영어 표현

01 **blow one's nose** 코를 풀다
02 **work great** 효과가 좋다
03 **tie the knot** 결혼을 하다
04 **around the corner** 모퉁이를 돌아서, 코앞에, 임박하여, 위기를 넘겨

2021 3순위 기출 생활영어 표현

01 **What did you like the most about it?** 어떤 점이 가장 좋았어?
02 **Would you like your bill now?** 지금 당신의 계산서를 원하시나요?

MEMO

실전 **기출문제** | **2021. 국가직 9급**

11. 밑줄 친 부분에 들어갈 말로 가장 적절한 것은?

시험중요도 ★☆☆☆☆

A : Were you here last night?

B : Yes. I worked the closing shift. Why?

A : The kitchen was a mess this morning. There was food spattered on the stove, and the ice trays were not in the freezer.

B : I guess I forgot to go over the cleaning checklist.

A : You know how important a clean kitchen is.

B : I'm sorry. _____

① I won't let it happen again.

② Would you like your bill now?

③ That's why I forgot it yesterday.

④ I'll make sure you get the right order.

답이 보이는 **생활영어 표현 TEST**

01 that's why 图

02 Would you like your bill now? 图

지문 어휘 TEST ✔

01 closing shift 图

02 mess 图

03 spatter 图

04 ice tray 图

05 make sure 图

답이 보이는 생활영어 표현 확인하기

01 that's why 그래서 ~하다, 그것이 ~하는 이유이다

02 Would you like your bill now? 지금 당신의 계산서를 원하시나요?

지문 어휘 확인하기

01 closing shift 마감 교대조

02 mess 엉망(진창)인 상태

03 spatter 튀기다, 흩뿌리다

04 ice tray 제빙 그릇

05 make sure (~임을) 확인하다, 확실하게 하다

해석 확인하기

A : 당신이 어젯밤에 여기에 있었나요?

B : 네. 마감 교대조로 일했어요. 왜요?

A : 오늘 아침에 주방이 엉망이었어요. 음식이 가스레인지 위에 튀어 있었고, 제빙 그릇도 냉동실 안에 없었습니다.

B : 제가 청소 체크리스트 점검하는 것을 잊은 거 같아요.

A : 깨끗한 주방이 얼마나 중요한지 알잖아요.

B : 죄송해요. <u>다시는 이런 일이 일어나지 않도록 할게요.</u>

① 다시는 이런 일이 일어나지 않도록 할게요.

② 지금 당신의 계산서를 원하시나요?

③ 그것이 내가 그것을 어제 깜빡한 이유입니다.

④ 당신의 주문 내용이 맞는지 확인해드리겠습니다.

정답 ①

실전 기출문제 | **2021. 국가직 9급**

12. 밑줄 친 부분에 들어갈 말로 가장 적절한 것은?

시험중요도 ★★☆☆☆

> A : Have you taken anything for your cold?
> B : No, I just blow my nose a lot.
> A : Have you tried nose spray?
> B : _____
> A : It works great.
> B : No, thanks. I don't like to put anything in my nose, so I've never used it.

① Yes, but it didn't help.
② No, I don't like nose spray.
③ No, the pharmacy was closed.
④ Yeah, how much should I use?

답이 보이는 생활영어 표현 TEST

01 blow one's nose 图

02 work great 图

지문 어휘 TEST

01 cold 图

02 nose spray 图

03 pharmacy 图

답이보이는 생활영어 표현 확인하기

01 blow one's nose 코를 풀다
02 work great 효과가 좋다

지문 어휘 확인하기

01 cold 감기
02 nose spray 비강 스프레이
03 pharmacy 약국

해석 확인하기

A : 감기에 대한 약을 먹은 게 있나요?
B : 아니요, 그냥 코만 많이 풀었어요.
A : 당신은 비강 스프레이를 사용해봤나요?
B : 아니요, 난 비강 스프레이를 좋아하지 않아요.
A : 그거 정말 효과가 좋아요.
B : 아니요, 괜찮아요. 난 코에 무언가를 넣는 것을 좋아하지 않아서 그것을 한 번도 사용해 본 적이 없어요.

① 네, 하지만 그것은 도움이 되지 않았어요.
② 아니요, 난 비강 스프레이를 좋아하지 않아요.
③ 아니요, 약국이 문을 닫았어요.
④ 네, 얼마나 많이 사용해야 하나요?

정답 ②

실전 기출문제 **2021. 지방직 9급**

13. 밑줄 친 부분에 들어갈 말로 가장 적절한 것은?

시험중요도 ★☆☆☆☆

> A : Did you have a nice weekend?
> B : Yes, it was pretty good. We went to the movies.
> A : Oh! What did you see?
> B : Interstellar. It was really good.
> A : Really? _____
> B : The special effects. They were fantastic. I wouldn't mind seeing it again.

① What did you like the most about it?
② What's your favorite movie genre?
③ Was the film promoted internationally?
④ Was the movie very costly?

답이 보이는 생활영어 표현 TEST

- 01 go to the movies 答
- 02 What did you like the most about it? 答
- 03 wouldn't mind ~ing 答

지문 어휘 TEST

- 01 special effect 答
- 02 fantastic
- 03 promote 答
- 04 internationally 答
- 05 costly 答

답이 보이는 생활영어 표현 확인하기

01 go to the movies 영화 보러 가다

02 What did you like the most about it? 어떤 점이 가장 좋았어?

03 wouldn't mind ~ing ~하면 좋겠다, 상관없다

지문 어휘 확인하기

01 special effect 특수 효과

02 fantastic 환상적인, 굉장한

03 promote 홍보하다, 촉진하다

04 internationally 국제적으로

05 costly 값이 비싼

해석 확인하기

A: 주말 잘 보냈어?

B: 응, 정말 좋았어. 우리는 영화 보러 갔었어.

A: 오! 뭐 봤어?

B: 인터스텔라. 그건 매우 좋았어.

A: 정말? 어떤 점이 가장 좋았어?

B: 특수 효과야. 정말 환상적이었어. 난 그걸 다시 봐도 괜찮을 것 같아.

① 어떤 점이 가장 좋았어?

② 네가 가장 좋아하는 영화 장르가 뭐야?

③ 그 영화가 국제적으로 홍보되었어?

④ 그 영화가 매우 비쌌어?

정답 ①

실전 기출문제 | **2021. 지방직 9급**

14. 두 사람의 대화 중 가장 어색한 것은?
시험중요도 ★★★★★

① A : I'm so nervous about this speech that I must give today.

  B : The most important thing is to stay cool.

② A : You know what? Minsu and Yujin are tying the knot!

  B : Good for them! When are they getting married?

③ A : A two-month vacation just passed like one week. A new semester is around the corner.

  B : That's the word. Vacation has dragged on for weeks.

④ A : How do you say 'water' in French?

  B : It is right on the tip of my tongue, but I can't remember it.

답이보이는 생활영어 표현 TEST

01 tie the knot 答

02 around the corner 答

03 That's the word. 答

04 on the tip of one's tongue 答

지문 어휘 TEST

01 stay cool 答

02 semester 答

03 drag on 答

답이 보이는 생활영어 표현 확인하기

01 tie the knot 결혼을 하다

02 around the corner 모퉁이를 돌아서, 코앞에, 임박하여, 위기를 넘겨

03 That's the word. 내 말이 그 말이다.

04 on the tip of one's tongue 말이 혀끝에서 뱅뱅 돌며 (생각이 안 나는)

지문 어휘 확인하기

01 stay cool 냉정을 잃지 않다, 침착하게 행동하다

02 semester 학기

03 drag on 질질 끌다, 계속되다

해석 확인하기

① A : 오늘 내가 해야 하는 연설 때문에 너무 떨려.
　 B : 가장 중요한 건 침착함을 유지하는 거야.
② A : 너 그거 알아? 민수랑 유진이 결혼한대!
　 B : 잘됐네! 걔네 언제 결혼하는데?
③ A : 두 달간의 방학이 그냥 일주일처럼 지나가 버렸어. 새 학기가 벌써 임박했네.
　 B : 내 말이 그 말이야. 방학이 몇 주째 계속되고 있어.
④ A : '물'을 프랑스어로 뭐라고 하니?
　 B : 생각이 날 듯 말 듯 하는데, 그게 기억이 안 나네.

정답 ③

진가영영어
단번에판단해서승리하는적중생활영어!

02

최빈출 생활영어

단판승
생활영어
적중 70제

02 최빈출 생활영어

2023 생활영어 최신 출제 경향

Q. 밑줄 친 부분에 들어갈 말로 알맞은 것을 고르시오. `2023. 국가직 9급`

> A : I got this new skin cream from a drugstore yesterday. It is supposed to remove all wrinkles and make your skin look much younger.
>
> B : _____
>
> A : Why don't you believe it? I've read in a few blogs that the cream really works.
>
> B : I assume that the cream is good for your skin, but I don't think that it is possible to get rid of wrinkles or magically look younger by using a cream.
>
> A : You are so pessimistic.
>
> B : No, I'm just being realistic. I think you are being gullible.

① I don't buy it.   ② It's too pricey.

③ I can't help you out.   ④ Believe it or not, it's true

답이 보이는 생활영어 표현 확인하기

01 I don't buy it. 난 안 믿어.

02 too pricey 너무 비싼

03 believe it or not 믿기 힘들겠지만

04 help out 도와주다

정답 ①

기출문제로 본 생활영어 출제 경향

Q. 두 사람의 대화 중 가장 어색한 것은? `2014. 지방직 7급`

① A : I might have to give my dad a ride to the train station, but I don't know the exact time yet.

B : Let's play it by ear then. Just call me when you find out for sure.

② A : I was at a party last night, and I saw Jake play the guitar in front of an audience.

B : Speak of the devil. Jake is right there.

③ A : Did he apologize to you for the accident?

B : Yes, but I don't buy it.

④ A : I hear your son wants to go on spring vacation with that girl, Sally.

B : I told him to grab a bite.

답이 보이는 생활영어 표현 확인하기

01 give a ride ~를 태워주다

02 play it by ear 그때그때 봐서(사정을 봐 가면서)처리하다

03 speak of the devil 호랑이도 제 말하면 온다

04 I don't buy it 난 안 믿어

05 grab a bite 간단히 먹다

`정답` ④

2023 생활영어 최신 출제 경향

Q. 밑줄 친 부분에 들어갈 말로 알맞은 것을 고르시오. `2023. 국가직 9급`

> A : I'd like to go sightseeing downtown. Where do you think I should go?
> B : I strongly suggest you visit the national art gallery.
> A : Oh, that's a great idea. What else should I check out?
> B : _____
> A : I don't have time for that. I need to meet a client at three.
> B : Oh, I see. Why don't you visit the national park, then?
> A : That sounds good. Thank you!

① This is the map that your client needs. Here you go.
② A guided tour to the river park. It takes all afternoon.
③ You should check it out as soon as possible.
④ The checkout time is three o'clock.

답이 보이는 생활영어 표현 확인하기

01 go sightseeing downtown 시내 관광여행을 하다
02 check out ~을 확인[조사]하다, (흥미로운 것을) 살펴보다[보다],
    (호텔 등에서 비용을 지불하고) 나가다[체크아웃하다]
03 Why don't you ~? ~하는 게 어때요?
04 I see. 알겠어요., 그렇군요.
05 Here you go. (상대방에게 무엇을 주면서) 여기 있어요

정답 ②

기출문제로 본 생활영어 출제 경향

Q. 밑줄 친 부분에 들어갈 말로 가장 적절한 것을 고르시오.

2017. 국가직 9급 하반기

> Mary : Hi, James. How's it going?
> Jame : Hello, Mary. What can I do for you today?
> Mary : How can I arrange for this package to be delivered?
> James : Why don't you talk to Bob in Customer Service?
> Mary : _____

Chapter
04

① Sure. I will deliver this package for you.
② OK. Let me take care of Bob's customers.
③ I will see you at the Customs office.
④ I tried calling his number, but no one is answering.

답이 보이는 생활영어 표현 확인하기

01 How's it going? 요즘 어떠세요[어떻게 지내세요]?
02 arrange for 준비하다, 계획을 짜다
03 Customs office 세관 (사무소)
04 Why don't you ~? ~하는 게 어때요?

정답 ④

2023 생활영어 최신 출제 경향

Q. 두 사람의 대화 중 자연스럽지 않은 것은? `2023. 국가직 9급`

① A : He's finally in a hit movie!

　 B : Well, he's got it made.

② A : I'm getting a little tired now.

　 B : Let's call it a day.

③ A : The kids are going to a birthday party.

　 B : So, it was a piece of cake.

④ A : I wonder why he went home early yesterday.

　 B : I think he was under the weather.

답이 보이는 생활영어 표현 확인하기

`01` got it made 성공했다

`02` call it a day 하루 일을 그만 끝내다

`03` a piece of cake 식은 죽 먹기

`04` under the weather 몸이 안 좋은

정답 ③

기출문제로 본 생활영어 출제 경향

Q. 두 사람의 대화 중 가장 자연스러운 것은?   2011. 지방직 7급

① A : Could you break this bill for me, please?

   B : Sorry. You're wrong.

② A : Let's call it a day!

   B : OK, we can finish it tomorrow.

③ A : He should have arrived earlier.

   B : You're right. How couldn't he come?

④ A : I'm not very good at math. How about you?

   B : Me, too. I'm well qualified for teaching you.

Chapter
04

답이 보이는 생활영어 표현 확인하기

01 Could you break this bill for me, please? 이 지폐를 잔돈으로 바꿔주실 수 있나요?

02 call it a day 하루 일을 그만 끝내다

정답 ②

2023 생활영어 최신 출제 경향

Q. 두 사람의 대화 중 자연스럽지 않은 것은?　　2023. 국가직 9급

① A : He's finally in a hit movie!

　 B : Well, he's got it made.

② A : I'm getting a little tired now.

　 B : Let's call it a day.

③ A : The kids are going to a birthday party.

　 B : So, it was a piece of cake.

④ A : I wonder why he went home early yesterday.

　 B : I think he was under the weather.

답이 보이는 생활영어 표현 확인하기

01 got it made 성공했다

02 call it a day 하루 일을 그만 끝내다

03 a piece of cake 식은 죽 먹기

04 under the weather 몸이 안 좋은

정답 ③

기출문제로 본 생활영어 출제 경향

Q. 다음 대화 중 밑줄 친 부분의 표현이 가장 적절하지 않은 것은?

2016. 경찰 2차

① A : It is over midnight already. I can't believe it!

　 B : We've been studying English for 6 hours!

　 A : Shall we continue or stop here?

　 B : Let's call it a day.

② A : My parents say I can't color my hair. It's unfair.

　 B : Look on the bright side. You still look good without colored hair.

③ A : Hey, shake a leg! The train to Busan always arrives on time.
　　　 You won't make it if you linger like that.

　 B : I know. I know. Just step on your toes.

④ A : Excuse me. Is it OK if I help you cross the street?

　 B : Sure, thanks. It's very nice of you to help me.

　 A : Don't mention it. I'm glad to.

　 B : In fact, I'm afraid of crossing the street.

Chapter 04

답이 보이는 생활영어 표현 확인하기

01 call it a day 하루 일을 그만 끝내다

02 look on the bright side 밝은 면을 보세요, 긍정적으로 생각해

03 shake a leg 서두르자, 빠르게 움직이다

04 step on one's toes ~의 기분을 상하게 하다, ~의 발을 밟다

05 Don't mention it. (고맙다는 말에 대한 정중한 인사로) 별 말씀을요., 천만에요.

정답 ③

2023 생활영어 최신 출제 경향

Q. 두 사람의 대화 중 자연스럽지 않은 것은?　　2023. 국가직 9급

① A : He's finally in a hit movie!

　 B : Well, he's got it made.

② A : I'm getting a little tired now.

　 B : Let's call it a day.

③ A : The kids are going to a birthday party.

　 B : So, it was a piece of cake.

④ A : I wonder why he went home early yesterday.

　 B : I think he was under the weather.

답이 보이는 생활영어 표현 확인하기

01 got it made 성공했다

02 call it a day 하루 일을 그만 끝내다

03 a piece of cake 식은 죽 먹기

04 under the weather 몸이 안 좋은

정답 ③

기출문제로 본 생활영어 출제 경향

Q. 두 사람의 대화 중 가장 어색한 것은?　　　2017. 지방직 7급

① A : What's happening? Why the long face this morning?

　 B : Does it show? I'm feeling a bit under the weather.

② A : Have you decided where you want to travel this summer?

　 B : Well, actually I am open to suggestions at this point.

③ A : I can't believe the water faucet is leaking badly again.

　 B : Does it mean that you are going to get a huge bill?

④ A : I'm staying in Room 351. Do you have any messages for me?

　 B : Let me check.... I'm afraid we're fully booked up tonight

Chapter
04

답이 보이는 생활영어 표현 확인하기

01 Why the long face? 왜 시무룩한 얼굴을 하고 있어요?, 왜 울상이에요?

02 Does it show? 그렇게 보여요?

03 long face 시무룩한 얼굴, 우울[침울]한 얼굴

04 under the weather 몸이 안 좋은

05 We're fully booked up. 오늘 밤은 예약이 꽉 찼습니다.

06 book up 호텔[차편]을 예약하다, 맹렬히 공부하다

정답 ④

2023 생활영어 최신 출제 경향

Q. 두 사람의 대화 중 자연스럽지 않은 것은?　　　2023. 국가직 9급

① A : He's finally in a hit movie!

　　B : Well, he's got it made.

② A : I'm getting a little tired now.

　　B : Let's call it a day.

③ A : The kids are going to a birthday party.

　　B : So, it was a piece of cake.

④ A : I wonder why he went home early yesterday.

　　B : I think he was under the weather.

답이 보이는 생활영어 표현 확인하기

01 got it made 성공했다
02 call it a day 하루 일을 그만 끝내다
03 a piece of cake 식은 죽 먹기
04 under the weather 몸이 안 좋은

정답 ③

기출문제로 본 생활영어 출제 경향

Q. A에 대한 B의 응답으로 가장 적절하지 않은 것은? 2019. 경찰 1차

① A : After a long day at work, I'm really tired.

  B : That makes two of us!

② A : Do you remember the name of the bar we went to last Friday?

  B : Oh man, it's just on the tip of my tongue.

③ A : I am so excited to see this film.

  B : Me too. The film got two thumbs up from all the critics.

④ A : I am feeling a little under the weather.

  B : It's not actually raining now!

답이 보이는 생활영어 표현 확인하기

01 That makes two of us. 나도 마찬가지야., 나도 같은 생각이야.

02 on the tip of one's tongue 말이 입 끝에서 뱅뱅 돌 뿐 생각이 안 나다

03 under the weather 몸이 안 좋은

정답 ④

Chapter 04

04 전 직렬 기출 8문제

단 번에 판 단해서 승 리하는 최빈출 생활영어 표현

A로 시작하는 1순위 생활영어 표현

01 **a close call** 위기일발, 아슬아슬한 상황
02 **a man[woman] of his[her] word** 약속을 잘 지키는 사람
03 **a piece of cake** 식은 죽 먹기
04 **a rip-off** 바가지, 도둑질, 사취
05 **all thumbs** 일손이 아주 서툰, 재주가 없는
06 **Are you with me?** 내 말 무슨 의미인지 알겠어?
07 **around the corner** 모퉁이를 돌아서, 코앞에, 임박하여, 위기를 넘겨
08 **ask for it** 자업자득이다
09 **at the eleventh hour** 아슬아슬하게, 막판에

A로 시작하는 2순위 생활영어 표현

01 **a chip off the old block** (부모와 아주 닮은) 판박이
02 **a pain in the neck** 골칫거리, 눈엣가시, 아주 귀찮은 사람
03 **a white elephant** 돈만 많이 들고 더 이상 쓸모는 없는 것
04 **a white lie** 선의의 거짓말
05 **around the clock** 24시간 내내
06 **as easy as pie** 매우 쉬운, 식은 죽 먹기, 누워서 떡 먹기
07 **at one's disposal** ~의 마음대로 사용할 수 있는
08 **at large** 전체적인, 대체적인, (범인 따위가) 붙잡히지 않고 있는, 활개치고 다니는

A로 시작하는 3순위 생활영어 표현

01 **a pie in the sky** 그림의 떡
02 **all ears** 귀를 기울이고 있는
03 **an act of God** 천재지변, 불가항력
04 **as is often the case** 종종 그렇듯이, 흔히 있는 일이지만

B로 시작하는 1순위 생활영어 표현

01 **be cut out for[to]** ~에 적임이다, 적합하다[꼭 알맞다]
02 **be my guest** (상대방의 부탁을 들어주며 하는 말로) 그러세요, 좋을 대로 하세요
03 **beat around the bush** 말을 돌려서 말하다, 변죽을 울리다, 요점을 피하다
04 **Beats me** 전혀 모르겠다, 금시초문이다
05 **blow one's (own) horn[trumpet]** 자화자찬하다, 제자랑하다, 허풍을 떨다
06 **blow the whistle on** 밀고하다, ~(의 잘못·비행)을 일러바치다
07 **break a leg** 행운을 빌어
08 **break even** (사업 등이) 본전치기를 하다[이익도 손해도 안 보다]
09 **butterflies in one's stomach** (긴장해서) 가슴이 조마조마한, 긴장한, 떨리는
10 **by[with] the skin of one's teeth** 가까스로, 간신히, 아슬아슬하게

Chapter
04

B로 시작하는 2순위 생활영어 표현

01 **back to square one** (아무 진전을 못 보고) 원점으로 되돌아가기
02 **bark up the wrong tree** 헛다리를 짚다, 잘못 짚다, 엉뚱한 사람을 비난하다
03 **be broke** 무일푼이다, 파산하다
04 **be dying to** ~하고 싶어 못 견디다, 안달이 나다
05 **bent on** ~에 열중한, 결심한
06 **bite the bullet** (고통이나 불행을) 참고 견디다, 이를 악물고 하다

B로 시작하는 3순위 생활영어 표현

01 **behind bars** 철창신세인, 감옥에 갇혀 있는
02 **better off** 형편이 더 나은, 부유한, ~더 좋은[나은]
03 **black out** (잠시) 의식을 잃다
   cf **blackout** 정전
04 **by word of mouth** 사람들의 입에서 입으로, 구전으로

실전 **기출문제** | **2021. 경찰 2차**

15. 다음 A, B의 대화 중 가장 적절하지 않은 것은?   시험중요도 ★★★★★

① A : I want to get a prize in the contest.

　 B : What are you getting at?

② A : Seulgi, shall we split the bill down the middle?

　 B : It's all the same to me.

③ A : Yusoo, do you have any more of those delicious cookies?

　 B : Sure! Help yourself.

④ A : Would you deliver the file folder on my desk to Mr. Kim?

　 B : Consider it done. I'm meeting him soon anyway.

답이 보이는 **생활영어 표현** TEST

01 What are you getting at? 중

02 split the bill 중

03 help yourself 중

04 It's all the same to me. 중

05 consider it done 중

지문 어휘 TEST

01 contest 중

02 bill 중

답이 보이는 생활영어 표현 확인하기

01 What are you getting at? 무슨 말을 하려는 거죠?

02 split the bill (비용 따위)를 각자 부담하다, 나눠 내다

03 help yourself (음식을) 마음대로[양껏] 드십시오

04 It's all the same to me. 나는 아무래도 상관없다.

05 consider it done 맡겨만 주세요, 바로 할게요

지문 어휘 확인하기

01 contest 대회, 시합

02 bill 계산서, 청구서, 지폐

해석 확인하기

① A: 나는 이번 대회에서 상을 받고 싶어요.
　 B: 무슨 말을 하려는 거죠?

② A: 슬기, 계산은 반으로 나눠서 할까요?
　 B: 저는 다 상관없어요.

③ A: 유수, 그 맛있는 쿠키 더 있어?
　 B: 물론이지! 마음껏 먹어.

④ A: 내 책상 위에 있는 파일 폴더를 김 씨에게 전달해주실 수 있으신가요?
　 B: 바로 할게요. 어쨌든 곧 그와 만날 거예요.

정답 ①

실전 기출문제 | **2020. 경찰 1차**

16. A에 대한 B의 응답으로 가장 적절하지 않은 것은?   시험중요도 ★★★☆☆

① A : Oh, I've forgotten my phone again!

   B : Typical! You're always forgetting your phone.

② A : Is your shirt inside out? I see the seams.

   B : Actually, they're supposed to show.

③ A : Where can I get a cheap computer?

   B : Shopping online is your best bet.

④ A : Would you like some strawberry shortcake?

   B : Sure, help yourself to more.

답이 보이는 생활영어 표현 TEST

01 Typical! 🔎

02 help yourself 🔎

03 best bet 🔎

지문 어휘 TEST

01 inside out 🔎

02 seam 🔎

03 be supposed to부정사 🔎

04 cheap 🔎

답이보이는 생활영어 표현 확인하기

01 Typical! (비꼬듯이, 못마땅하듯) 언제나 그래왔지!

02 help yourself (음식을) 마음대로[양껏] 드십시오

03 best bet 가장 안전하고 확실한 방책[수단]

지문 어휘 확인하기

01 inside out (안팎을) 뒤집어

02 seam 실밥, 이음매

03 be supposed to부정사 ~하기로 되어 있다

04 cheap (값이) 싼, 돈이 적게 드는

해석 확인하기

① A: 오, 또 핸드폰을 잃어버렸어!
   B: 언제나 그랬잖아! 너는 항상 핸드폰을 잃어버려.
② A: 네 셔츠 뒤집어져 있는 거 아니야? 실밥이 보여.
   B: 사실, 그게 보이도록 디자인된 거야.
③ A: 어디서 싸게 컴퓨터를 구할 수 있을까요?
   B: 온라인 쇼핑이 가장 좋은 선택이에요.
④ A: 딸기 쇼트케이크 좀 드릴까요?
   B: 물론이죠, 마음껏 더 드셔도 돼요.

정답 ④

실전 기출문제 **2020. 경찰 1차**

17. 다음 대화의 빈칸에 들어갈 표현으로 가장 적절한 것은? 시험중요도 ★★★☆☆

A : How many bottles of wine should I prepare for tonight's party? I heard there will be many guests.

B : The more, the better. Unfortunately, however, I won't be able to be with you at the party because of the urgent matters in my office tonight. Instead, _____?

A : Of course! You are always welcome to my world.

① can you give me a raincheck for this
② will you give my best regards to them
③ shall I go home
④ are you being waited on

답이 보이는 생활영어 표현 TEST

01 give a rain check 图

02 give my best regards to 图

03 Are you being waited on? 图

지문 어휘 TEST ✓

01 urgent 图

01 matter 图

답이 보이는 생활영어 표현 확인하기

01 give a rain check 나중에 다시 초대하겠다고 약속하다

02 give my best regards to ~에게 안부 전해 주십시오

03 Are you being waited on? 주문하셨나요?

지문 어휘 확인하기

01 urgent 긴급한, 시급한, 다급한

02 matter 문제, 일, 중요하다

해석 확인하기

A: 오늘 밤 파티 준비하는데 와인이 몇 병 필요할까? 손님이 많다고 들었는데.

B: 많을수록 더 좋지. 그러나, 불행하게도 오늘 밤 사무실에서 긴급한 일 때문에 나는 파티에 함께하지 못할 것 같아. 대신에 <u>이번 파티는 다음 기회로 미룰 수 있을까?</u>

A: 물론이지! 나는 언제나 너를 환영해.

① 이번 파티는 다음 기회로 미룰 수 있을까

② 그들에게 내 안부 좀 전해줄래

③ 내가 집에 가도 될까

④ 주문하셨나요

정답 ①

실전 **기출문제** | 2020. 경찰 2차

18. 다음 A, B의 대화 중 가장 적절하지 않은 것은?

시험중요도 ★★★★★

① A : Seohee, where are you headed?

　　B : I am off to Gyeongju.

② A : Yusoo, let us ride the roller coaster.

　　B : It's not my cup of tea.

③ A : It's too expensive. I don't want to get ripped off.

　　B : It's water under the bridge.

④ A : Sohyun, have you been behind the steering wheel yet?

　　B : No, but I can't wait to get my feet wet.

답이 보이는 생활영어 표현 TEST

01 Where are you headed? 🔊

02 be off to 🔊

03 not my cup of tea 🔊

04 rip off 🔊

05 water under the bridge 🔊

06 behind the steering wheel 🔊

07 I can't wait to부정사 🔊

08 get one's feet wet 🔊

지문 어휘 TEST

01 steer 🔊

답이 보이는 생활영어 표현 확인하기

01 Where are you headed? 어디로 가세요?

02 be off to ~로 떠나다

03 not my cup of tea 내 취향이 아닌

04 rip off ~에게 바가지를 씌우다

05 water under the bridge 지나간 일, 어쩔 수 없는 일

06 behind the steering wheel 운전하다

07 I can't wait to부정사 빨리 ~하고 싶어

08 get one's feet wet 참가(시작)하다, 처음 해보다

Chapter 04

지문 어휘 확인하기

01 steer 조종하다, 몰다

해석 확인하기

① A : 서희, 어디로 가니?
  B : 경주로 가.
② A : 유수, 롤러코스터 타러 가자.
  B : 그건 내 취향에 맞지 않아.
③ A : 너무 비싸요. 바가지 쓰고 싶지 않아요.
  B : 그건 이미 다 지나간 일이에요.
④ A : 소현, 너 운전해본 적은 있니?
  B : 아니, 근데 빨리 시작해 보고 싶어.

정답 ③

실전 기출문제 | **2019. 국가직 9급**

19. 두 사람의 대화 중 가장 어색한 것은?   시험중요도 ★★★★☆

① A : I'm traveling abroad, but I'm not used to staying in another country.

   B : Don't worry. You'll get accustomed to it in no time.

② A : I want to get a prize in the photo contest.

   B : I'm sure you will. I'll keep my fingers crossed!

③ A : My best friend moved to Sejong City. I miss her so much.

   B : Yeah. I know how you feel.

④ A : Do you mind if I talk to you for a moment?

   B : Never mind. I'm very busy right now.

답이 보이는 생활영어 표현 TEST

01 keep one's finger crossed 🔲

02 Do you mind if ~? 🔲

03 Never mind. 🔲

지문 어휘 TEST ✔

01 be used to 명사/동명사 🔲

02 get accustomed to 명사/동명사 🔲

03 abroad 🔲

04 miss 🔲

답이 보이는 생활영어 표현 확인하기

01 keep one's finger crossed 좋은 결과[행운]를 빌다

02 Do you mind if ~? ~해도 괜찮겠습니까?, ~해도 될까요?

03 Never mind. 걱정하지 마., 신경쓰지 마(괜찮아).

지문 어휘 확인하기

01 be used to 명사/동명사 ~하는 데 익숙하다

02 get accustomed to 명사/동명사 ~하는 데 익숙해지다, (태도·생각·행동 등이) 배다

03 abroad 해외에(서), 해외로

04 miss 그리워하다, 놓치다

해석 확인하기

① A: 나 해외로 여행갈 예정인데, 난 다른 나라에서 머무르는 게 익숙하지 않아.
　 B: 걱정하지 마. 넌 곧 익숙해질 거야.
② A: 난 사진 대회에서 상을 받고 싶어.
　 B: 넌 분명 받을 수 있을 거야. 행운을 빌게.
③ A: 나의 가장 친한 친구가 세종시로 이사했어. 난 그녀가 너무 그리워.
　 B: 그래. 네가 어떤 기분일지 알아.
④ A: 너랑 잠깐 얘기 좀 해도 될까요?
　 B: 괜찮아요. 저 지금 매우 바쁘거든요.

정답 ④

실전 기출문제 **2019. 서울시 9급(2월)**

20. 빈칸에 들어갈 표현으로 가장 적절한 것은?

시험중요도 ★★★★☆

> A : What have you done for this project so far? Because it seems to me like you haven't done anything at all.
>
> B : That's so rude! I do lots of work. It's you who is slacking off.
>
> A : I don't see why you always have to fight with me.
>
> B : _____. We wouldn't fight if you didn't initiate it!

① It takes two to tango

② More haste less speed

③ He who laughs last laughs longest

④ Keep your chin up

답이 보이는 **생활영어 표현 TEST**

01 What have you done for this project so far? 용

02 It takes two to tango 용

03 More haste less speed. 용

04 He who laughs last laughs longest. 용

05 Keep your chin up. 용

지문 어휘 TEST

01 slack off 용

02 not ~ at all 용

03 rude 용

04 initiate 용

답이 보이는 생활영어 표현 확인하기

01 What have you done for this project so far? 지금까지 이 프로젝트를 위해서 무엇을 해왔니?

02 It takes two to tango. 탱고를 추려면 두 명이 필요하다(손뼉도 마주쳐야 소리 난다).

03 More haste less speed. 급할수록 천천히.

04 He who laughs last laughs longest. 마지막에 웃는 사람이 가장 오래 웃는 사람이다.

05 Keep your chin up. 기운 내., 용기 내.

지문 어휘 확인하기

01 slack off 게으름을 부리다, 태만해지다

02 not ~ at all 전혀 ~ 아닌

03 rude 버릇없는, 무례한

04 initiate 시작하다, 개시하다

해석 확인하기

A : 지금까지 이 프로젝트를 위해서 무엇을 해왔니? 왜냐하면 나에게는 네가 지금까지 아무것도 하지 않은 것처럼 느껴져.

B : 무례하네. 나는 많은 일을 해. 게으름을 부린 건 너야.

A : 나는 네가 왜 항상 나랑 싸워야 하는지 모르겠어.

B : 손바닥도 마주쳐야 소리가 나는 법이야. 네가 시작하지 않았다면 우리는 싸우지 않았을 거야!

① 손바닥도 마주쳐야 소리가 나는 법이야
② 급할수록 천천히
③ 마지막에 웃는 사람이 가장 오래 웃는 사람이다
④ 기운 내

정답 ①

실전 기출문제 | 2019. 경찰 1차

21. A에 대한 B의 응답으로 가장 적절하지 않은 것은?

시험중요도 ★★★★☆

① A : After a long day at work, I'm really tired.

　 B : That makes two of us!

② A : Do you remember the name of the bar we went to last Friday?

　 B : Oh man, it's just on the tip of my tongue.

③ A : I am so excited to see this film.

　 B : Me too. The film got two thumbs up from all the critics.

④ A : I am feeling a little under the weather.

　 B : It's not actually raining now!

답이 보이는 생활영어 표현 TEST

01 That makes two of us. 图

02 on the tip of one's tongue 图

03 under the weather 图

지문 어휘 TEST

01 two thumbs up 图

02 critic 图

답이 보이는 생활영어 표현 확인하기

01 That makes two of us. 나도 마찬가지야., 나도 같은 생각이야.

02 on the tip of one's tongue 말이 입 끝에서 뱅뱅 돌 뿐 생각이 안 나다

03 under the weather 몸이 좀 안 좋은

지문 어휘 확인하기

01 two thumbs up 최고, 호평

02 critic 비평가, 비판하는 사람

Chapter 04

해석 확인하기

① A : 회사에서 긴 하루를 보내고 나니 정말 피곤해.
   B : 나도 마찬가지이야!
② A : 지난 금요일에 우리가 갔던 술집 이름 기억나?
   B : 이런, 생각이 날 듯 말 듯 하네.
③ A : 이 영화를 볼 수 있어서 너무 신나.
   B : 나도 그래. 그 영화는 모든 비평가들로부터 호평받았대.
④ A : 나는 몸이 조금 안 좋아.
   B : 지금은 실제로 비가 오는 중이 아니야!

정답 ④

실전 기출문제 | **2018. 국가직 9급**

22. 밑줄 친 부분에 들어갈 말로 가장 적절한 것은? 시험중요도 ★★★★★

A : Can I ask you for a favor?

B : Yes, what is it?

A : I need to get to the airport for my business trip, but my car won't start. Can you give me a lift?

B : Sure. When do you need to be there by?

A : I have to be there no later than 6 : 00.

B : It's 4 : 30 now. _____. We'll have to leave right away.

---

① That's cutting it close

② I took my eye off the ball

③ All that glitters is not gold

④ It's water under the bridge

답이 보이는 생활영어 표현 TEST

01 Can I ask you for a favor? 🔊

02 When do you need to be there by? 🔊

03 cut it close 🔊

04 take one's eye off the ball 🔊

05 All that glitters is not gold. 🔊

06 It's water under the bridge. 🔊

지문 어휘 TEST

01 give a lift 🔊

02 no later than 🔊

답이 보이는 생활영어 표현 확인하기

01 Can I ask you for a favor? 부탁 하나 드려도 될까요?

02 When do you need to be there by? 당신은 언제까지 거기에 가야 하나요?

03 cut it close 아슬아슬하다

04 take one's eye off the ball 가장 중요한 것에서 눈을 떼다

05 All that glitters is not gold. 번쩍인다고 해서 반드시 다 금은 아니다.

06 It's water under the bridge. 이미 다 지나간 일이다(과거지사이다).

지문 어휘 확인하기

01 give a lift ～를 태워주다

02 later than 늦어도 ～까지는

해석 확인하기

A : 부탁 하나 드려도 될까요?

B : 그럼요. 무엇인가요?

A : 출장 때문에 제가 공항에 가야 하는데 제 차 시동이 걸리지 않아요. 저 좀 태워 주시겠어요?

B : 물론이죠. 당신은 언제까지 거기에 가야 하나요?

A : 저는 늦어도 6시 전에는 그곳에 가야 해요.

B : 지금 4시 30분이에요. <u>아슬아슬하네요.</u> 우리 당장 출발해야겠어요.

① 아슬아슬하네요

② 가장 중요한 것에서 눈을 떼요

③ 반짝인다고 다 금은 아니다

④ 이미 다 지나간 일이다

정답 ①

05 전 직렬 기출 8문제

단 번에 판 단해서 승 리하는 최빈출 생활영어 표현

C로 시작하는 1순위 생활영어 표현

01 **call a spade a spade** 자기 생각을 그대로[숨김없이] 말하다

02 **call (somebody) names** 욕하다, 험담하다

03 **Could you fill me in on that?** 그것 좀 설명해 줄래?

04 **come in handy** 쓸모가 있다, 유용하다, 도움이 되다

05 **come about** 일어나다, 생기다

06 **cool as a cucumber** 침착한, 차분한, 냉정한

07 **cost an arm and a leg** 엄청난 돈이 들다, 큰 돈이 들다, 굉장히 비싸다

08 **cross one's mind** 생각이 나다, 생각이 떠오르다

09 **cut corners** (일을 쉽게 하려고) 절차[원칙]를 무시[생략]하다

   cf **cut the corner** 지름길로 가다

C로 시작하는 2순위 생활영어 표현

01 **Chances are slim** 가능성이 희박하다, 확률이 낮다

02 **clear the air** (걱정 · 의심에 대해 이야기를 함으로써) 상황을 개선하다, 오해를 풀다

03 **come a long way** 크게 발전하다, 출세하다

04 **count somebody out[in]** (어떤 활동에서) ~을 빼다[포함시키다]

05 **cut a fine figure** 두각을 나타내다

06 **crocodile tears** 거짓 눈물

D로 시작하는 1순위 생활영어 표현 ☆☆

01 **Don't bother** 신경 쓰지 마, 수고할 것 없다
02 **Don't mention it** (고맙다는 말에 대한 정중한 인사로) 별 말씀을요
03 **drive someone up the wall** 몹시 화나게 하다, ~을 궁지에 몰아넣다
04 **drop someone a line** ~에게 편지를 보내다
05 **Don't get me wrong** 오해하지 마세요
06 **down and out** 빈털터리인

D로 시작하는 2순위 생활영어 표현 ☆☆

01 **Don't be such a stranger** 연락하고 지내자, 좀 더 자주 들르세요
02 **drag on** (너무 오랫동안) 질질 끌다[계속되다]
03 **drive a hard bargain** 심하게 값을 깎다, 사정없이 깎다, 유리한 조건으로 거래하다

E로 시작하는 1순위 생활영어 표현 ☆☆

01 **easier said than done** 행동하기보다 말하기가 쉽다
02 **eat one's words** 식언하다, 한 말을 취소하다

F로 시작하는 1순위 생활영어 표현 ☆☆

01 **fat chance** 가망 없음, 매우 희박한 가망성
02 **fret over** ~에 대해 초조해하다, 걱정하다
03 **fall off the wagon** 술을 다시 마시기 시작하다
04 **from scratch** 맨 처음부터, 아무런 사전 준비[지식]없이

F로 시작하는 2순위 생활영어 표현 ☆☆

01 **fill out a form** 용지에 써넣다, 서식에 기입하다
02 **fall out with** ~와 사이가 틀어지다
03 **follow in one's footsteps** ~의 선례를 따르다, ~의 자취를 따르다, ~의 뒤를 따르다
04 **follow suit** 전례를 따르다, 방금 남이 한 대로 따라하다
05 **from the cradle to the grave** 요람에서 무덤까지, 태어나서 죽을 때까지, 일생 동안

Chapter 05

실전 기출문제 2018. 국가직 9급

23. 밑줄 친 부분에 들어갈 말로 가장 적절한 것은?

시험중요도 ★★★★☆

A : Do you know how to drive?
B : Of course. I'm a great driver.
A : Could you teach me how to drive?
B : Do you have a learner's permit?
A : Yes, I got it just last week.
B : Have you been behind the steering wheel yet?
A : No, but I can't wait to _____.

① take a rain check
② get my feet wet
③ get an oil change
④ change a flat tire

답이 보이는 생활영어 표현 TEST

01 Have you been behind the steering wheel yet? 图
02 be behind the wheel 图
03 I can't wait to get my feet wet. 图
04 I can't wait to부정사 图
05 get my feet wet 图
06 take a rain check 图

지문 어휘 TEST

01 learner's permit 图
02 steer 图
03 flat 图

답이 보이는 생활영어 표현 확인하기

01 Have you been behind the steering wheel yet? 너 차를 운전해본 적은 있어?

02 be behind the wheel 차를 운전하다

03 I can't wait to get my feet wet. 빨리 시작하고 싶어.

04 I can't wait to부정사 빨리 ~하고 싶다

05 get my feet wet 시작하다, 처음해보다

06 take a rain check 다음을 기약하다

지문 어휘 확인하기

01 learner's permit (운전 교습생용) 임시 면허증

02 steer 조종하다, 몰다

03 flat 바람 빠진 타이어

해석 확인하기

A : 너 운전하는 방법을 알아?
B : 물론이지. 난 훌륭한 운전자야.
A : 내게 운전하는 방법 좀 가르쳐 줄 수 있어?
B : 너 임시 면허증은 있어?
A : 응, 지난주에 막 땄어.
B : 너 차를 운전해본 적은 있어?
A : 아니, 하지만 빨리 <u>시작하고</u> 싶어.

① 다음을 기약하다
② 시작하다
③ 엔진 오일을 교체하다
④ 바람 빠진 타이어를 바꾸다

정답 ②

Chapter 05

실전 **기출문제** | **2018. 서울시 7급(3월)**

24. 빈칸에 들어갈 가장 적절한 것은?

시험중요도 ★★★☆☆

> A : Why were you teasing Mary about her new hairstyle? She looks really upset at what you said.
>
> B : I didn't mean to offend her. I was simply making a joke about too elaborate decoration for a girl of her young, tender age.
>
> A : Well, she thought you were serious. She had no idea that you were
>
> _____.
>
> B : I'm really sorry. I guess I owe her an apology.

① making a tongue-in-cheek remark

② selling her down the river

③ jumping down her throat

④ giving it your best shot

답이 보이는 **생활영어 표현 TEST**

- 01 I owe her an apology. 뜻
- 02 tongue in cheek 뜻
- 03 sell down the river 뜻
- 04 jump down one's throat 뜻
- 05 give one's best shot 뜻

지문 어휘 **TEST**

- 01 tease 뜻
- 02 upset 뜻
- 03 mean to부정사 뜻
- 04 elaborate 뜻
- 05 have no idea 뜻
- 06 offend 뜻
- 07 tender 뜻

답이 보이는 생활영어 표현 확인하기

01 I owe her an apology. 그녀에게 사과해야 할 것 같아.

02 tongue in cheek 빈정거리며, 조롱조로, 농담조로

03 sell down the river 배신하다, 속이다

04 jump down one's throat ~에게 몹시 화내다, ~가 찍소리도 못하게 하다

05 give one's best shot 최선의 노력을 다하다

지문 어휘 확인하기

01 tease 놀리다, 장난하다, 괴롭히다

02 upset 속상한, 마음이 상한

03 mean to부정사 ~을 의도하다

04 elaborate 정교한, 복잡한

05 have no idea 전혀 모르다

06 offend 기분을 상하게 하다, 불쾌하게 하다

07 tender 상냥한, 다정한, 여린, 어린

해석 확인하기

A : 왜 Mary의 새로운 헤어스타일에 대해 놀렸어? 네가 한 말 때문에 그녀는 정말 속상해 보여.
B : 내가 그녀를 불쾌하게 하려고 의도한 건 아니야. 나는 그저 그녀의 어린 나이에 비해 너무 정교한 장식에 대해 농담을 한 거였어.
A : 음, 그녀는 네가 진지하다고 생각했나 봐. 네가 <u>농담조로 말하고 있는</u> 걸 전혀 몰랐나 봐.
B : 정말 미안하네. 그녀에게 사과해야 할 것 같아.

① 농담조로 말하고 있는
② 그녀를 속이고 있는
③ 그녀를 찍소리 못하게 하고 있는
④ 최선을 다하고 있는

정답 ①

실전 기출문제 | 2018. 서울시 7급(6월)

25. 다음 대화 중 가장 어색한 것은?   시험중요도 ★★★★★

① A : Did you hear the exam results?

　B : They really cut corners when they built an extension.

② A : Tomorrow is the D-day. I am really nervous.

　B : Break a leg, Sam. I'm sure your performance will be great.

③ A : Why don't we get this purse? It looks great.

　B : We can't afford this purse! It costs an arm and a leg.

④ A : How often do you go to a cinema?

　B : I only go to the cinema once in a blue moon.

답이 보이는 생활영어 표현 TEST

01 cut corners 嶋

02 D-day 嶋

03 break a leg 嶋

04 Why don't ~? 嶋

05 cost an arm and a leg 嶋

06 once in a blue moon 嶋

지문 어휘 TEST

01 extension 嶋

답이 보이는 생활영어 표현 확인하기

01 cut corners (일을 쉽게 하려고) 절차[원칙 등]를 무시[생략]하다
02 D-day 중요한 일이 있는 날
03 break a leg 행운을 빌다
04 Why don't ~? ~하는 게 어때?
05 cost an arm and a leg 큰 돈이 들다. 매우 비싸다
06 once in a blue moon 극히 드물게, 아주 가끔

지문 어휘 확인하기

01 extension 확대, 증축

Chapter 05

해석 확인하기

① A : 시험 결과 들었어?
　 B : 그들은 증축 건물을 만들 때 정말로 절차를 무시했어.
② A : 내일은 중요한 일이 있는 날이야. 정말 긴장돼.
　 B : 행운을 빌어, Sam. 너의 공연은 분명 대단할 거야.
③ A : 이 지갑 사는 게 어떨까? 좋아 보이는데.
　 B : 우리가 이 지갑을 살 여유가 없어! 너무 비싸.
④ A : 넌 얼마나 자주 영화관에 가?
　 B : 난 단지 아주 드물게 영화관에 가.

정답 ①

실전 기출문제 | 2018. 경찰 1차

26. 다음 A, B의 대화 중 가장 적절하지 않은 것은?

시험중요도 ★★★★☆

① A : Could you deliver this parcel to my office?

B : Consider it done.

② A : Jinmo took an unrelated issue during the conference.

B : He did me a good turn.

③ A : Would you mind opening the door?

B : Of course not.

④ A : Is her business shaping up?

B : Not that I know of. She is having a cash flow problem.

답이 보이는 생활영어 표현 TEST

01 consider it done 🔲

02 do 사람 a good turn 🔲

03 Would you mind ~ing? 🔲

04 Not that I know of. 🔲

지문 어휘 TEST

01 parcel 🔲

02 shape up 🔲

답이 보이는 **생활영어 표현 확인하기**

01 consider it done 맡겨만 주세요, 바로 할게요

02 Would you mind ~ing? ~해도 괜찮으세요?

03 do 사람 a good turn ~에게 친절하게 하다, ~에게 호의를 베풀다

04 Not that I know of. 내가 알기에는 그렇지 않다.

지문 어휘 확인하기

01 parcel 소포, (선물 등의) 꾸러미

02 shape up (특히 좋은 방향으로) 되어 가다

해석 확인하기

① A: 이 소포를 제 사무실로 배달해 주시겠어요?
　 B: 맡겨만 주세요.
② A: 진모가 회의하는 동안에 관련 없는 주제를 이야기했어요.
　 B: 그는 나에게는 친절했어요.
③ A: 문 좀 열어도 될까요?
　 B: 물론이죠.
④ A: 그녀의 사업이 잘되어가고 있나요?
　 B: 제가 알기로는 그렇지 않아요. 그녀는 현금 유동성에 문제가 있어요.

정답 ②

실전 기출문제 | 2017. 지방직 9급

27. 밑줄 친 부분에 들어갈 말로 가장 적절한 것은?

시험중요도 ★★★☆☆

A : What are you getting Ted for his birthday? I'm getting him a couple of baseball caps.

B : I've been _____ trying to think of just the right gift. I don't have an inkling of what he needs.

A : Why don't you get him an album? He has a lot of photos.

B : That sounds perfect! Why didn't I think of that? Thanks for the suggestion!

① contacted by him
② sleeping all day
③ racking my brain
④ collecting photo albums

답이 보이는 생활영어 표현 TEST

01 have an inkling of 图
02 Why don't ~? 图
03 rack one's brain 图

지문 어휘 TEST

01 a couple of 图

답이 보이는 생활영어 표현 확인하기

01 have an inkling of 눈치를 채다, ~을 어렴풋이 알다
02 Why don't ~? ~하는 게 어때?
03 rack one's brain 머리를 짜내서 생각하다, 골똘히 생각하다

지문 어휘 확인하기

01 a couple of 두 서너 개의, 몇 개의, 몇 사람의

해석 확인하기

A : Ted에게 생일 선물로 뭘 줄거야? 나는 그에게 야구 모자를 몇 개 줄거야.
B : 나는 적당한 선물을 생각하느라 <u>머리를 짜내서 생각했어.</u> 그가 필요한 것이 뭔지 눈치를 못 채겠어.
A : 그에게 사진첩을 사주는 게 어때? 그는 사진들을 많이 가지고 있잖아.
B : 좋은 생각이다! 내가 왜 그걸 생각 못했지? 알려줘서 고마워.

① 그에게 연락을 받았어
② 하루 종일 잤어
③ 머리를 짜내서 생각했어
④ 사진 앨범들을 모았어

정답 ③

실전 **기출문제** **2017. 지방직 7급**

28. 두 사람의 대화 중 가장 어색한 것은?

시험중요도 ★★★★★

① A : What's happening? Why the long face this morning?

　 B : Does it show? I'm feeling a bit under the weather.

② A : Have you decided where you want to travel this summer?

　 B : Well, actually I am open to suggestions at this point.

③ A : I can't believe the water faucet is leaking badly again.

　 B : Does it mean that you are going to get a huge bill?

④ A : I'm staying in Room 351. Do you have any messages for me?

　 B : Let me check.... I'm afraid we're fully booked up tonight.

답이 보이는 생활영어 표현 TEST

01 Why the long face? 🔊

02 Does it show? 🔊

03 long face 🔊

04 under the weather 🔊

05 We're fully booked up. 🔊

06 book up 🔊

지문 어휘 TEST

01 water faucet 🔊

02 badly 🔊

03 leak 🔊

답이 보이는 생활영어 표현 확인하기

01 Why the long face? 왜 시무룩한 얼굴을 하고 있어요?, 왜 울상이에요?

02 Does it show? 그렇게 보여요?

03 long face 시무룩한 얼굴, 우울[침울]한 얼굴

04 under the weather 몸이 좋지 않은, 기분이 안 좋은

05 We're fully booked up. 오늘 밤은 예약이 꽉 찼습니다.

06 book up 호텔[차편]을 예약하다, 맹렬히 공부하다

지문 어휘 확인하기

01 water faucet 수도꼭지

02 badly 심하게, 몹시, 나쁘게

03 leak (액체·기체가) 새게 하다

Chapter
05

해석 확인하기

① A: 무슨 일 있어요? 왜 아침부터 시무룩한 얼굴을 하고 있어요?
  B: 그렇게 보여요? 제가 몸이 좀 안 좋아요.
② A: 이번 여름에는 어디로 여행 가고 싶은지 결정하셨나요?
  B: 글쎄요, 사실 이 시점에서는 어떤 제안이든 좋아요.
③ A: 나는 수도꼭지가 다시 심하게 샌다는 것을 믿을 수가 없어요.
  B: 그건 당신이 엄청난 요금을 지불해야 한다는 것을 의미하는 건가요?
④ A: 전 351호에 머물고 있습니다. 혹시 저에게 온 메시지가 있나요?
  B: 체크해보겠습니다... 죄송하지만 오늘밤은 예약이 꽉 찼습니다.

정답 ④

실전 기출문제 　2017 지방직 9급 하반기

29. 밑줄 친 부분에 들어갈 말로 가장 적절한 것은?　　시험중요도 ★★★☆☆

> A : How do you like your new neighborhood?
>
> B : It's great for the most part. I love the clean air and the green environment.
>
> A : Sounds like a lovely place to live.
>
> B : Yes, but it's not without its drawbacks.
>
> A : Like what?
>
> B : For one, it doesn't have many different stores. For example, there's only one supermarket, so food is very expensive.
>
> A : _____
>
> B : You're telling me. But thank goodness. The city is building a new shopping center now. Next year, we'll have more options.

① How many supermarkets are there?

② Are there a lot of places to shop there?

③ It looks like you have a problem.

④ I want to move to your neighborhood.

답이 보이는 생활영어 표현 TEST

01 How do you like ~? 图

02 sound like 图

03 You're telling me. 图

04 move to 图

지문 어휘 TEST

01 neighborhood 图

02 drawback 图

답이 보이는 생활영어 표현 확인하기

01 How do you like ~? ~는 어때요?, ~는 어떻게 해드릴까요?

02 sound like ~처럼 들리다

03 You're telling me. 내 말이 바로 그 말이에요.

04 move to 이사하다, 거처를 옮기다

지문 어휘 확인하기

01 neighborhood 근처, 이웃, 인근

02 drawback 결점, 문제점

해석 확인하기

A : 새로 이사 간 곳 주변은 어때요?

B : 대부분 훌륭해요. 깨끗한 공기와 녹지 환경이 좋아요.

A : 살기 좋은 곳처럼 들리네요.

B : 네, 그렇지만 단점이 없는 건 아니에요.

A : 어떤 것들이요?

B : 하나는, 많은 다양한 상점들이 없어요. 예를 들어, 마트가 하나밖에 없어서 식료품이 매우 비싸요.

A : 문제가 있는 것처럼 보여요.

B : 제 말이 바로 그 말이에요. 하지만, 다행이에요. 시가 새 쇼핑센터를 지금 짓고 있거든요. 내년이면 더 선택이 많아질 거예요.

① 슈퍼마켓이 몇 개 있나요?

② 거기 쇼핑할 데가 많이 있나요?

③ 문제가 있는 것처럼 보여요.

④ 저는 당신의 동네로 이사 가고 싶어요.

정답 ③

실전 기출문제 **2017 지방직 9급 하반기**

30. 밑줄 친 부분에 들어갈 말로 가장 적절한 것은?   시험중요도 ★☆☆☆☆

> A : So, Mr. Wong, how long have you been living in New York City?
> B : I've been living here for about seven years.
> A : Can you tell me about your work experience?
> B : I've been working at a pizzeria for the last three years.
> A : What do you do there?
> B : I seat the customers and wait on them.
> A : How do you like your job?
> B : It's fine. Everyone's really nice.
> A : _____
> B : It's just that I want to work in a more formal environment.
> A : Okay. Is there anything else you would like to add?
> B : I am really good with people. And I can also speak Italian and Chinese.
> A : I see. Thank you very much. I'll be in touch shortly.
> B : I hope to hear from you soon.

① So, what is the environment like there?
② Then, why are you applying for this job?
③ But are there any foreign languages you are good at?
④ And what qualities do you think are needed to work here?

답이 보이는 생활영어 표현 TEST

01 wait on 图
02 How do you like ~? 图
03 apply for 图

지문 어휘 TEST

01 pizzeria 图   02 formal 图
03 shortly 图   04 quality 图

Chapter 05

답이 보이는 생활영어 표현 확인하기

01 wait on 시중을 들다
02 How do you like ~? ~는 어때요?, ~는 어떻게 해드릴까요?
03 apply for ~에 지원하다, 신청하다

지문 어휘 확인하기

01 pizzeria 피자 가게
02 formal 정규적인, 공식적인, 격식을 차린
03 shortly 곧
04 quality 자질, 특성, 특징

해석 확인하기

A : 그래서 Wong 선생님, 뉴욕시에는 얼마나 오래 살고 계시는 건가요?
B : 여기 약 7년 동안 살고 있습니다.
A : 직장 경험에 관한 저에게 말해주실래요?
B : 지난 3년간 피자 가게에서 일해오고 있습니다.
A : 거기서 무얼 하시나요?
B : 고객들에게 좌석을 안내하고 식사 시중을 듭니다.
A : 일이 마음에 드세요?
B : 좋습니다. 모두가 친절합니다.
A : <u>그렇다면, 왜 이 일에 지원하고 계시나요?</u>
B : 저는 단지 더 정규직 환경에서 일하고 싶습니다.
A : 좋습니다. 덧붙일 말씀이 더 있으세요?
B : 저는 사람 관계가 정말 좋습니다. 이탈리어어와 중국어도 할 수 있습니다.
A : 알겠습니다. 감사합니다. 곧 연락드릴게요.
B : 곧 소식 듣길 바라겠습니다.

① 그래서, 거기 환경은 어떤가요?
② 그렇다면, 왜 이 일에 지원하고 계시나요?
③ 그런데, 잘하는 외국어가 있나요?
④ 여기서 일하려면 어떤 자질이 필요하다고 생각하시나요?

 정답 ②

CHAPTER

06 전 직렬 기출 8문제

단 번에 판 단해서 승 리하는 최빈출 생활영어 표현

G로 시작하는 1순위 생활영어 표현

01 **get back at** ~에게 복수하다

02 **get a raw[rough] deal** 부당한 대우를 받다, 푸대접받다

03 **get carried away** 몹시 흥분하다, 자제력을 잃다

04 **get off the hook** 곤경[처벌]을 면하다[면하게 하다]

05 **get on one's nerves** 신경을 건드리다

06 **get by** 지나가다, 그럭저럭 살아[해] 나가다

07 **get down to** ~을 시작하다, 착수하다

08 **get along with** ~와 잘 지내다

09 **get the upper hand** 우세하다, 우위를 점하다, 주도권을 잡다

10 **get to the bottom of** 진상을 규명하다, ~의 진짜 이유를 알아내다

11 **give the cold shoulder** 냉대하다, 쌀쌀한[냉담한] 태도를 보이다

12 **give[take] a rain check** (제의·초대 등을 거절하면서) 다음을 기약하다

13 **go Dutch** 비용을 나눠 내다, 비용을 각자 부담하다

14 **Go for it** (한번) 해봐, 힘내

15 **good for nothing** 아무 짝에도 쓸모없는

16 **grab a bite** 간단히 먹다

17 **give vent to** (노여움 따위를) 터트리다, 발산시키다

18 **green with envy** 몹시 샘을 내는, 몹시 부러워하는

G로 시작하는 2순위 생활영어 표현

01 **get off the ground** 이륙하다, 순조롭게 출발[시작]하다

02 **get out of hand** 감당할 수 없게 되다

03 **get the better of** 이기다, 능가하다

04 **get to the point** 핵심에 이르다, 요점을 언급하다

05 **give a lift[ride]** 차에 태워주다

06 **get across** ~을 건너다, ~을 이해시키다

07 **give the green light** 허가하다, 청신호를 보내다

08 **go fifty-fifty (with a person)** (~와) 절반씩 나누다, 반반으로 하다

H로 시작하는 1순위 생활영어 표현

01 **hang in[on] there** 버티다, 견뎌 내다
02 **hang out with** ~와 시간을 보내다
03 **hard-headed** 냉정한, 단호한
04 **have a word with** ~와 잠깐 이야기를 하다
05 **have words with** ~와 언쟁[논쟁]하다, 말다툼하다
06 **have an ax to grind** 불평불만이 있다, 딴 속셈이 있다
07 **have one's hands[plate] full** 매우 바쁘다, 손이 비어 있지 않다
08 **have your cake and eat it** ~의 좋은 점만 취하다, 가능한 것을 둘 다 취하다
09 **hear through[on] the grapevine** 소문[낭설]을 듣다
10 **Help yourself** (음식을) 마음대로[양껏] 드십시오
11 **hit[strike] home** (말 따위가) 급소[요점]를 찌르다, 감명시키다
12 **hit the ceiling[roof]** 격노하다, (몹시 화가 나서) 길길이 뛰다
13 **hit the hay[sack]** 잠자리에 들다
14 **hit the nail on the head** 요점을 찌르다, 정확히 맞는 말을 하다
15 **hold good** 효력이 있다, 유효하다
16 **hold water** 물이 새지 않다, 이치에 맞다, 타당하다
17 **hold one's horses** 참다, 침착하다, 서두르지 않다
18 **hold one's tongue** 잠자코 있다, 입 다물고 있다

Chapter
06

H로 시작하는 2순위 생활영어 표현

01 **hands-on** (말만 하지 않고) 직접 해 보는[실천하는]
02 **have[get] something [nothing, a lot] to do with**
   ~와 약간 관련이 있다[전혀 관련이 없다, 많은 관련이 있다]
03 **have a big mouth** 입이 싸다, 말이 많다
04 **hit the books** 열심히 공부하다, 벼락치기 공부하다
05 **hit the road** 떠나다, 출발하다
06 **Hold still!** 꼼짝 마!

31. 다음 A, B의 대화 중 가장 적절하지 않은 것은?

시험중요도 ★★★★☆

① A : I'm afraid I'm coming down with something.

　 B : You should make up your mind.

② A : You despise Harry, don't you?

　 B : On the contrary! I look up to him.

③ A : Do you agree or disagree with him?

　 B : I'm on his side.

④ A : Do you mind if I stop by your house?

　 B : No, not at all. Be my guest!

답이 보이는 생활영어 표현 TEST

01 make up your mind 答

02 Do you mind if ~? 答

03 Be my guest. 答

지문 어휘 TEST

01 come down with 答

02 despise 答

03 on the contrary 答

04 look up to 答

05 stop by 答

답이 보이는 생활영어 표현 확인하기

01 make up your mind 결정하다, 결심하다
02 Do you mind if ~? ~해도 괜찮겠습니까?, ~해도 될까요?
03 Be my guest. (상대방의 부탁을 들어주며 하는 말로)그러세요[그래라].

지문 어휘 확인하기

01 come down with (병에) 걸리다
02 despise 경멸하다
03 on the contrary 그와는 반대로
04 look up to ~을 존경하다
05 stop by ~에 잠시 들르다

해석 확인하기

① A : 내가 어떤 병에 걸린 것 같아 걱정이야.
   B : 너는 결정해야 해.
② A : 너는 Harry를 경멸하지, 그렇지 않아?
   B : 정반대야! 나는 그를 존경해.
③ A : 너는 그의 의견에 동의하니, 동의하지 않니?
   B : 나는 그의 편이야.
④ A : 제가 당신의 집에 잠깐 들러도 괜찮을까요?
   B : 그럼요. 그러세요!

정답 ①

실전 기출문제 2016. 국가직 9급

32. 밑줄 친 부분에 들어갈 말로 가장 적절한 것은?

시험중요도 ★★★☆☆

> A : Hello? Hi, Stephanie. I'm on my way to the office. Do you need anything?
>
> B : Hi, Luke. Can you please pick up extra paper for the printer?
>
> A : What did you say? Did you say to pick up ink for the printer? Sorry, _____
>
> B : Can you hear me now? I said I need more paper for the printer.
>
> A : Can you repeat that, please?
>
> B : Never mind. I'll text you.
>
> A : Okay. Thanks, Stephanie. See you soon.

① My phone has really bad reception here.
② I couldn't pick up more paper.
③ I think I've dialed the wrong number.
④ I'll buy each item separately this time.

답이 보이는 생활영어 표현 TEST

- 01 on the way to 图
- 02 Never mind. 图
- 03 My phone has really bad reception. 图
- 04 I've dialed the wrong number. 图

지문 어휘 TEST

- 01 extra 图
- 02 reception 图
- 03 dial 图
- 04 separately 图

답이 보이는 생활영어 표현 확인하기

01 on the way to ~으로 가는 길[도중]에
02 Never mind. 괜찮아., 신경쓰지마.
03 My phone has really bad reception. 제 핸드폰 수신 상태가 좋지 않아요.
04 I've dialed the wrong number. 저는 전화를 잘못 걸었어요.

지문 어휘 확인하기

01 extra 여분의, 임시의, 추가의
02 reception (라디오·텔레비전·전화의) 수신 상태
03 dial 전화를 걸다
04 separately 따로, 별도로

Chapter 06

해석 확인하기

A : 여보세요? 안녕, Stephanie. 난 사무실로 가는 길이야. 뭐 필요한 것 있어?
B : 안녕, Luke. 프린터에 들어갈 여분의 용지를 사 와줄래?
A : 뭐라고 했어? 프린터에 들어갈 잉크를 사 오라고 말했니?
미안한데 여기서 내 핸드폰 수신 상태가 좋지 않아.
B : 지금은 들려? 프린터에 들어갈 용지가 필요하다고 말했어.
A : 그걸 다시 말해줄래?
B : 괜찮아. 문자 보낼게.
A : 응, Stephanie. 고마워. 곧 보자.

① 여기서 내 핸드폰 수신 상태가 좋지 않아.
② 종이를 사 올 수 없었어.
③ 전화를 잘못 건 거 같아.
④ 이번에는 각 품목을 따로 구매할 거야.

정답 ①

실전 기출문제 | 2016. 지방직 7급

33. 두 사람의 대화 중 가장 어색한 것은?   시험중요도 ★★★★☆

① A : I've just paid 20 dollars for a library fine.

    B : Let me sleep on it.

② A : Are you set for your trip tomorrow?

    B : No, I still have some packing to do.

③ A : Shall we split the bill?

    B : No, it's on me today.

④ A : Jim, the cafeteria is serving shrimp burgers for lunch.

    B : I think I'll pass.

답이 보이는 생활영어 표현 TEST

01 Let me sleep on it. 통

02 sleep on 통

03 split the bill 통

04 It's on me. 통

지문 어휘 TEST

01 fine 통

02 set for 통

답이 보이는 생활영어 표현 확인하기

01 Let me sleep on it. 하룻밤 자면서 생각해보자.

02 sleep on 하룻밤 자며 생각하다, 심사숙고하다

03 split the bill 각자 부담하다, 나눠 내다

04 It's on me. 내가 살게.

지문 어휘 확인하기

01 fine 벌금, 과태료, 좋은, 고운

02 set for ～할 준비가 되어 있는

해석 확인하기

① A: 나 방금 도서관 연체료로 20달러 냈어.
  B: 하룻밤 자면서 생각해보자.
② A: 너 내일 여행 갈 준비 다 끝냈어?
  B: 아니, 나는 아직 짐 쌀 것이 있어.
③ A: 비용은 나눠서 낼까?
  B: 아니, 오늘은 내가 살게.
④ A: Jim, 이 식당은 점심에 새우버거를 제공하고 있어.
  B: 난 그냥 건너뛸게.

정답 ①

34. 다음 대화 중 어울리지 않는 것은?

시험중요도 ★★★☆☆

① A : I wish they had done what they said they would do.

   B : Yes, they must have kept to what they promised and not changed their minds.

② A : I don't know who to ask for help or advice on this matter. It's very delicate.

   B : Yes, it's difficult to know who to turn to, isn't it?

③ A : She acts as if she were the boss, telling everyone what to do.

   B : Yes, she's always ordering people about.

④ A : I saw a sign saying that the car park will be closed tomorrow. Can you tell everybody else, please?

   B : Yes, I'll pass the news on. I'll send an e-mail toeveryone in the office.

답이 보이는 생활영어 표현 TEST

01 I wish they had done what they said they would do.

   뜻

02 She acts as if she were the boss.

   뜻

지문 어휘 TEST

01 must have p.p. 뜻   02 ask for 뜻

03 delicate 뜻   04 turn to 뜻

05 pass on 뜻   06 sign 뜻

답이 보이는 생활영어 표현 확인하기

01 I wish they had done what they said they would do.
그들이 하겠다고 말한 것을 했으면 좋을 텐데.

02 She acts as if she were the boss. 그녀는 자기가 상사인 것처럼 행동한다.

지문 어휘 확인하기

01 must have p.p. ~했음이 틀림없다

02 ask for 구하다, 요청하다

03 delicate 까다로운, 세심한, 미묘한

04 turn to ~에 의지하다

05 pass on ~을 전달하다

06 sign 표지, 징조, 손짓, 기호, 신호

해석 확인하기

① A : 그들이 하겠다고 말한 것을 했으면 좋을 텐데.
　 B : 맞아, 그들은 그들이 약속한 걸 지켰고 마음을 바꾸지 않았던 게 틀림없어.

② A : 이 문제에 대해 누구에게 도움이나 조언을 구해야 할지 모르겠어. 그것은 정말 까다로운 문제야.
　 B : 맞아, 누구에게 의지해야 할지 알기가 어려워. 그렇지?

③ A : 그녀는 자기가 상사인 것처럼 행동하면서 모두에게 무엇을 해야 하는지 말해대요.
　 B : 맞아요, 그녀는 항상 사람들에게 명령해요.

④ A : 주차장이 내일 폐쇄될 거라는 표지를 봤어요. 다른 사람들에게도 알려 줄 수 있을까요?
　 B : 네, 제가 소식을 전달할게요. 사무실 모두에게 이메일을 보낼 거예요.

정답 ①

실전 기출문제 2016. 기상직 7급

35. 다음 밑줄 친 부분에 들어갈 말로 가장 적절한 것은? 시험중요도 ★★★★☆

> Judy : Today, I went to an open house at my son's school.
>
> Eric : What did your son do? Anything interesting?
>
> Judy : Yeah, his class did a discussion on school policies.
>
> Eric : Wow, that sounds pretty tough for school children.
>
> Judy : Yeah, but the teacher helped them by suggesting counter-arguments to their ideas.
>
> Eric : Oh, I see. _____.
>
> Judy : Yes, you're right. Thanks to her, students could defend their ideas from the opposition.

① She plays devil's advocate in the class

② Teachers always beat around the bush

③ You cannot judge a book by its cover

④ That's the last straw to the students

답이 보이는 생활영어 표현 TEST

01 play devil's advocate 图

02 devil's advocate 图

03 beat around the bush 图

04 judge a book by its cover 图

05 the last straw 图

06 open house 图

지문 어휘 TEST

01 discussion 图

02 pretty 图

03 tough 图

04 counter-argument 图

05 defend 图

답이 보이는 생활영어 표현 확인하기

01 play devil's advocate 일부러 반대 의견을 말하다
02 devil's advocate 선의의 비판자 노릇을 하는 사람,
　　　　　　　어떤 사안에 대해 의도적으로 반대 의견을 말하는 사람
03 beat around the bush 돌려서 말하다
04 judge a book by its cover 겉모습만 보고 판단하다
05 the last straw 최후의 결정타, 견딜 수 없는 마지막 한계
06 open house 공개 수업 참관일, 개방일

지문 어휘 확인하기

01 discussion 토론, 논의
02 pretty 꽤, 어느정도, 아주
03 tough 어려운, 힘든
04 counter-argument 반론[반박]
05 defend 방어하다, 옹호하다, 변호하다

해석 확인하기

Judy : 오늘, 우리 아들 학교 공개 수업에 갔다 왔어요.
Eric : 당신의 아들은 무엇을 했나요? 무언가 흥미로운 일이 있었나요?
Judy : 네, 그의 반에서 학교 정책에 관한 토론을 했어요.
Eric : 와, 그건 학생들에게 꽤 어려운 것처럼 들리네요.
Judy : 네, 하지만 선생님이 그들의 생각에 대한 반론을 제시하며 그들을 도와줬어요.
Eric : 아, 그렇군요. 그녀는 수업에서 일부러 반대 의견을 말하는군요.
Judy : 맞아요. 그녀 덕분에 학생들은 자기 생각을 반대 의견으로부터 방어할 수 있었어요.

① 그녀는 수업에서 일부러 반대 의견을 말하는군요
② 선생님들은 항상 돌려서 말해요
③ 당신은 겉모습 보고 판단할 수 없어요
④ 그것은 학생들에게 견딜 수 없는 마지막 한계예요

정답 ①

실전 **기출문제** | 2016. 경찰 2차

36. 다음 대화 중 밑줄 친 부분의 표현이 가장 적절하지 않은 것은?

시험중요도 ★★★★★

① A : It is over midnight already. I can't believe it!

　B : We've been studying English for 6 hours!

　A : Shall we continue or stop here?

　B : <u>Let's call it a day.</u>

② A : My parents say I can't color my hair. It's unfair.

　B : <u>Look on the bright side.</u> You still look good without colored hair.

③ A : Hey, shake a leg! The train to Busan always arrives on time. You won't make it if you linger like that.

　B : I know. I know. <u>Just step on your toes.</u>

④ A : Excuse me. Is it OK if I help you cross the street?

　B : Sure, thanks. It's very nice of you to help me.

　A : <u>Don't mention it.</u> I'm glad to.

　B : In fact, I'm afraid of crossing the street.

답이보이는 **생활영어 표현** TEST

- 01 call it a day 图
- 02 look on the bright side 图
- 03 shake a leg 图
- 04 step on one's toes 图
- 05 Don't mention it. 图

지문 어휘 TEST ✏

- 01 midnight 图
- 02 on time 图
- 03 make it 图
- 04 linger 图
- 05 cross 图

답이보이는 생활영어 표현 확인하기

01 call it a day 하루 업무를 그만 끝내다

02 look on the bright side 밝은 면을 보세요, 긍정적으로 생각해

03 shake a leg 서두르자, 빠르게 움직이다

04 step on one's toes ~의 기분을 상하게 하다, ~의 발을 밟다

05 Don't mention it. (고맙다는 말에 대한 정중한 인사로) 별 말씀을요, 천만에요.

지문 어휘 확인하기

01 midnight 자정, 밤 열두시, 한밤중

02 on time 정각에, 시간을 어기지 않고

03 make it 성공하다, 해내다, 시간 맞춰가다, (모임 등에) 가다[참석하다]

04 linger 꾸물거리다, 남아 있다

05 cross 건너다, 가로지르다, 횡단하다

해석 확인하기

① A : 벌써 자정이 넘었어. 믿을 수가 없어!
  B : 우리 6시간 동안 영어 공부했어!
  A : 계속할까 아니면 여기서 그만할까?
  B : 오늘은 여기까지 하자.
② A : 부모님께서는 내가 머리를 염색하면 안 된다고 말씀하세요. 그건 불공평해요.
  B : 긍정적으로 생각해. 넌 염색하지 않은 머리가 여전히 멋져 보여.
③ A : 야, 서둘러! 부산행 열차는 항상 정시에 도착해. 그렇게 꾸물거리면 탈 수가 없어.
  B : 나도 알지, 알아. 그냥 너의 기분을 상하게 해봐.
④ A : 실례합니다. 길 건너는 것을 도와드려도 될까요?
  B : 물론이죠, 고맙습니다. 도와주시다니 정말 친절하시군요.
  A : 별 말씀을요. 도울 수 있어서 기뻐요.
  B : 사실, 저는 길 건너는 것을 두려워해요.

정답 ③

실전 **기출문제** 2015. 국가직 7급

37. 밑줄 친 부분에 들어갈 가장 적절한 것은?

시험중요도 ★★★★★

Laura : What's the matter, honey?

Bill : Laura, I got fired today at work.

Laura : Oh dear! How did it happen?

Bill : The company has decided to downsize its workforce.

Laura : Well, did you speak with your boss?

Bill : Yes, I did. But no such luck.

Laura : I thought you were Ted's right-hand man!

Bill : Yeah, but _____.

Laura : Keep your chin up. I think he is making a big mistake.

① he made it up to me

② he filed a lawsuit against me

③ he stabbed me in the back

④ he took my word for it

답이 보이는 **생활영어** 표현 TEST

01 How did it happen?

02 no such luck

03 right-hand man

04 Keep your chin up.

05 make it up to

06 file a lawsuit (against)

07 stab in the back

08 take one's word

지문 어휘 TEST

01 decide

02 downsize

03 workforce

답이 보이는 생활영어 표현 확인하기

01 How did it happen? 어떻게 된 거야?

02 no such luck 내 운수가 그렇지(원하던 일이 이뤄지지 않았을 때 실망하여 하는 말)

03 right-hand man (보조자로서) 믿을 만한 사람, (특히 중요 인물의) 오른팔

04 Keep your chin up. 기운 내., 용기 내.

05 make it up to 사람 ~에게 (손해를) 보상하다

06 file a lawsuit (against) 소송을 제기하다

07 stab in the back ~을 배신하다

08 take one's word ~의 말을 믿다[받아들이다]

지문 어휘 확인하기

01 decide 결정하다

02 downsize 줄이다, 축소하다

03 workforce 노동자, 직원, 노동력

Chapter
06

해석 확인하기

Laura : 무슨 일이야, 자기야?
Bill : Laura, 나 오늘 직장에서 해고됐어.
Laura : 오 이런! 어떻게 된 거야?
Bill : 회사가 직원을 줄이기로 했대.
Laura : 그래, 네 상사랑 이야기는 해 봤어?
Bill : 응, 했어. 하지만 내 운수가 그렇지.
Laura : 당신이 Ted의 믿을 수 있는 사람이라고 생각했었는데!
Bill : 그래, 하지만 <u>그가 나를 배신했어.</u>
Laura : 기운 내. 나는 그가 큰 실수를 하고 있다고 생각해.

① 그가 나에게 보상을 했어
② 그가 나를 고소했어
③ 그가 나를 배신했어
④ 그가 내 말을 믿어주었어

정답 ③

실전 **기출문제** 2015. 지방직 9급

38. 밑줄 친 부분에 들어갈 표현로 가장 적절한 것은?

시험중요도 ★★☆☆☆

> M : Would you like to go out for dinner, Mary?
> W : Oh, I'd love to. Where are we going?
> M : How about the new pizza restaurant in town?
> W : Do we need a reservation?
> M : I don't think it is necessary.
> W : But we may have to wait in line because it's Friday night.
> M : You are absolutely right. Then, I'll _____ right now.
> W : Great.

① cancel the reservation
② give you the check
③ eat some breakfast
④ book a table

답이 보이는 **생활영어 표현 TEST**

01 Would you like to 부정사 ~? 图

02 go out 图

03 How about ~? 图

04 book a table 图

지문 어휘 **TEST**

01 reservation 图

02 absolutely 图

답이 보이는 생활영어 표현 확인하기

01 Would you like to 부정사 ~? ~할래?, ~하시겠어요?

02 go out 외출하다, 나가다

03 How about ~? ~하는 게 어때?

04 book a table (비행기 등의 좌석을) 예약하다

지문 어휘 확인하기

01 reservation 예약

02 absolutely 완전히, 전적으로, 절대적으로

해석 확인하기

M : 밖에 나가서 저녁 식사하는 게 어때, Mary?
W : 오, 좋지. 어디로 갈까?
M : 시내에 새로운 피자 레스토랑 어때?
W : 우리 예약이 필요할까?
M : 그럴 필요는 없을 것 같아.
W : 하지만 금요일 저녁이라서 줄을 서서 기다려야 할 수도 있어.
M : 네 말이 완전히 맞아. 그러면, 지금 바로 자리를 예약할게.
W : 좋아.

① 예약을 취소하다
② 너에게 수표를 주다
③ 아침 식사를 하다
④ 자리를 예약하다

정답 ④

07 전 직렬 기출 8문제

단 번에 **판** 단해서 **승** 리하는 **최빈출 생활영어 표현**

I로 시작하는 1순위 생활영어 표현

01 I couldn't ask for more 더 이상 바랄 것이 없다, 더할 나위 없이 만족스럽다
02 icing[frosting] on the cake 금상첨화
03 I'll squeeze you in 너를 위한 시간을 내볼게
04 I'm all for it 그것에 전적으로 찬성합니다
05 It's a steal! 아주 싸게 샀다!
06 if you insist 정 그러시다면, 그렇게 원한다면
07 in a flap 안절부절못하여, 갈팡질팡하여
08 in a fog 오리무중인, 어찌할 바를 몰라
09 in a nutshell 요약해서, 간단히 말해서
10 in all likelihood 아마, 십중팔구
11 in full swing 한창 진행 중인
12 in hot water 곤경에 처한
13 in season 제철인, 한창인, 새끼를 낳을 수 있는
14 in stock 재고가 있는
15 in store (for somebody) (~에게) 닥쳐올[예비된]
16 in the dark (about something) (~에 대해) 아무것도 모르는
17 in the nick of time 아슬아슬하게 때를 맞추어
18 It's not my cup of tea 그건 내 취향이 아니야
19 I don't buy it 안 믿어
20 It remains to be seen 앞으로 두고 볼 일이다
21 It's horse of a different[another] color 이건 완전히 다른 문제이다
22 it takes two to tango 탱고 추는 데는 둘이 필요하다(두 손뼉이 맞아야 소리가 난다)
23 It's all Greek to me 나는 뭐가 뭔지 하나도 모르겠다
24 It's water under the bridge 이미 다 지나간 일이다
25 It's too good to be true 너무 좋아서 실감이 안 나네

I로 시작하는 2순위 생활영어 표현 ★★

01 **I can't complain** 잘 지내
02 **in a similar vein** 비슷한 맥락에서
03 **in nine cases out of ten** 십중팔구, 거의 틀림없이
04 **in the neighborhood of** 약, 대략, ~의 근처에, 가까이에
05 **It's a deal** 그렇게 하기로 하죠. (상대방의 조건에 동의한다는 뜻)

I로 시작하는 3순위 생활영어 표현 ★★

01 **ifs, ands or buts** 구실, 변명, 자격, 요건
02 **in the making** 만들어지고[형성되고] 있는
03 **in the same boat** 운명을 같이 하는, 처지가 같아, 같은 상황에 있는

J로 시작하는 1순위 생활영어 표현 ★★

01 **jump to conclusions** 성급히 결론짓다, 속단하다
02 **jump on the bandwagon** 시류[유행]에 편승하다, 우세한 편에 붙다
03 **jump the gun** 섣불리[경솔하게] 행동하다

K로 시작하는 1순위 생활영어 표현 ★★

01 **keep a straight face** 엄숙한 표정을 짓다
02 **keep close tabs on** 철저히 감시하다, 면밀히 감시하다
03 **keep a stiff upper lip** 의연하게 견디다, (아프거나 곤란한 것을) 내색하지 않다
04 **keep one's fingers crossed** 좋은 결과[행운]를 빌다
05 **keep one's head** 침착함을 지키다
06 **keep one's shirt[hair] on** 침착하다, 태연하다, 화내지 마라
07 **keep the ball rolling** 하던 대로 계속 진행하다
08 **keep track of** ~을 기록하다, ~에 대해 계속 알고[파악하고] 있다
09 **keep[stay] in touch with** 계속 연락하고 지내다, 소식을 주고받다
10 **kick the bucket** 죽다

K로 시작하는 2순위 생활영어 표현 ★★

01 **keep an eye on** 주의 깊게 살펴보다
02 **keep someone posted** ~에게 정보를 알리다, ~에게 계속 알려주다
03 **keep up the good work** 계속 잘 해봐, 계속 수고해주세요

실전 기출문제 | **2015. 지방직 9급**

39. 밑줄 친 부분에 들어갈 말로 가장 적절한 것은?

시험중요도 ★★★☆☆

> M : Excuse me. How can I get to Seoul Station?
>
> W : You can take the subway.
>
> M : How long does it take?
>
> W : It takes approximately an hour.
>
> M : How often does the subway run?
>
> W : _____.

① It is too far to walk

② Every five minutes or so

③ You should wait in line

④ It takes about half an hour

답이 보이는 생활영어 표현 TEST

01 How can I get to ~? 🔊

02 How long does it take? 🔊

03 How often does the subway run? 🔊

04 It takes 시간 🔊

지문 어휘 TEST

01 approximately 🔊

02 or so 🔊

답이 보이는 생활영어 표현 확인하기

01 How can I get to ~? ~에 가려면 어떻게 해야 하나요?

02 How long does it take? 얼마나 걸리나요?

03 How often does the subway run? 지하철이 얼마나 자주 다니나요?

04 It takes 시간 시간이 걸리다

지문 어휘 확인하기

01 approximately 대략, 거의

02 or so ~쯤, 정도

해석 확인하기

M : 실례합니다. 서울역에 가려면 어떻게 해야 하나요?

W : 지하철을 타시면 돼요.

M : 얼마나 걸리나요?

W : 약 한 시간 정도 걸려요.

M : 지하철이 얼마나 자주 다니나요?

W : 매 5분정도마다 있어요.

① 걸어가기엔 너무 멀어요

② 매 5분정도마다 있어요

③ 줄을 서서 기다리셔야 해요

④ 30분 정도 걸려요

정답 ②

실전 기출문제 2015. 기상직 9급

40. 다음 대화의 빈칸에 들어갈 표현으로 가장 적절한 것은? 시험중요도 ★★★☆☆

> Tom : Good afternoon, Jane. How did the staff meeting go?
>
> Jane : Not too bad. Although it seems as if nothing was accomplished.
>
> Tom : Did the meeting go around in circles again?
>
> Jane : Yes. Judy took an unrelated issue during the meeting.
>
> Tom : _____
>
> Jane : That's exactly what I want to say about her.

① She had a crush on you.

② She always held her tongue.

③ She did me a good turn.

④ She was not on the track all the time.

답이 보이는 생활영어 표현 TEST

01 go around in circles 뜻

02 hold one's tongue 뜻

03 do a good turn 뜻

지문 어휘 TEST

01 have a crush on 뜻

02 all the time 뜻

03 on the track 뜻

답이 보이는 생활영어 표현 확인하기

01 go around in circles 제자리를 맴돌다, 제자리걸음만 하다
02 hold one's tongue 잠자코 있다, 입 다물고 있다, 말을 삼가다
03 do 사람 a good turn ~에게 친절하게 하다, ~에게 호의를 베풀다

지문 어휘 확인하기

01 have a crush on ~에게 홀딱 반하다
02 all the time 아주 자주, 줄곧
03 on the track 논제에서 벗어나지 말고

해석 확인하기

Tom : 안녕하세요, Jane. 직원회의는 어떻게 진행되었나요?
Jane : 나쁘지 않았어요. 하지만 아무것도 달성되지 않은 것처럼 보이지만요.
Tom : 회의가 계속 제자리를 맴돌았나요?
Jane : 네, Judy가 회의하는 동안 관련되지 않는 발언을 꺼냈어요.
Tom : 그녀는 아주 자주 논제에서 벗어나요.
Jane : 그것이 그녀에 대해 제가 하려던 말이에요.

① 그녀는 당신에게 홀딱 반했어요.
② 그녀는 항상 잠자코 있어요.
③ 그녀는 내게 친절하게 대해요.
④ 그녀는 아주 자주 논제에서 벗어나요.

정답 ④

실전 **기출문제** | **2015. 사회복지직 9급**

41. 밑줄 친 부분에 들어갈 가장 적절한 것은?

시험중요도 ★★★☆☆

> A : Hi, Gus. I'm glad to see you up and about.
> B : Thanks. After that truck plowed into my car last month, I thought it was all over for me. I'm really lucky to be alive.
> A : That's for sure. It must have been quite a traumatic experience for you. Has your car been repaired yet?
> B : Yes, it has. But I won't be driving it anymore. I'm not taking any chances on being hit again.
> A : Come on, now. You can't let one unfortunate incident keep you from ever driving again. _____
> B : That's what people say, but for the time being, I'll be taking public transportation.

① A squeaky wheel gets the oil.
② It is better to be safe than sorry.
③ The grass is always greener on the other side.
④ Lightning never strikes twice in the same place.

답이 보이는 생활영어 표현 TEST

☐ **01** be up and about 图

☐ **02** The squeaky wheel gets the oil. 图

☐ **03** The grass is always greener on the other side. 图

☐ **04** Lightning never strikes twice in the same place. 图

지문 어휘 TEST

☐ **01** plow into 图   ☐ **02** be over 图

☐ **03** must have p.p. 图   ☐ **04** traumatic 图

☐ **05** incident 图   ☐ **06** public transportation 图

답이 보이는 생활영어 표현 확인하기

01 be up and about 회복하다, (환자가) 좋아지다, (병상에서) 일어나다

02 The squeaky wheel gets the oil. 삐거덕거리는 바퀴에 기름칠한다(우는 아이 젖 준다).

03 The grass is always greener on the other side.
다른 쪽 잔디가 더 푸르다(남의 떡이 더 커 보인다).

04 Lightning never strikes twice in the same place.
번개는 같은 곳에 두 번 치지 않는다(불행은 연거푸 일어나지 않는다).

지문 어휘 확인하기

01 plow into ~와 부딪치다, 공격하다

02 be over 끝나다

03 must have p.p. ~했음이 틀림없다

04 traumatic 충격적인 경험

05 incident 일, 사건

06 public transportation 대중교통

해석 확인하기

A : 안녕, Gus. 네가 회복한 걸 보니 기뻐.

B : 고마워. 지난달에 트럭이 내 차와 부딪친 이후로 나는 다 끝났다고 생각했어. 내가 살아있다니 정말 운이 좋아.

A : 확실해. 너한테는 꽤 충격적인 경험이었겠지. 네 차는 수리되었어?

B : 응, 수리가 됐어. 그렇지만 난 더 이상 운전을 안 할 거야. 나는 다시 사고당할 위험을 감수하고 싶지 않아.

A : 왜 이래. 불행한 사고 한 번이 너를 다시 운전을 못 하게 해선 안 되지. 번개는 같은 곳에 두 번 치지 않아.

B : 사람들이 그렇게 말하지만, 난 당분간은 대중교통을 이용할 거야.

① 삐걱거리는 바퀴에 기름칠한다.

② 나중에 후회하는 것보다 조심하는 것이 낫다.

③ 다른 쪽 잔디가 더 푸르러 보여.

④ 번개는 같은 곳에 두 번 치지 않아.

정답 ④

실전 **기출문제** | 2015. 기상직 9급

42. 다음 각 쌍의 대화가 어울리지 않는 것은?

시험중요도 ★★★☆☆

① A : Are you going to take part in the volunteer activity tomorrow?

　 B : I should have been there.

② A : Have you confirmed our hotel reservation?

　 B : It's all taken care of.

③ A : Well, I want you to accompany me to the car dealership tomorrow. Do you have time then?

　 B : My calendar is clear. I'll make it up to you.

④ A : I'm too busy dealing with all those tedious chores.

　 B : Things will pick up soon.

답이 보이는 생활영어 표현 TEST

01 It's all taken care of. 图

02 Do you have time? 图

　 cf Do you have the time? 图

03 Things will pick up soon. 图

지문 어휘 TEST ✓

01 should have p.p. 图

02 confirm 图

03 accompany 图

04 make it 图

05 be busy -ing 图

06 tedious 图

07 chores 图

08 pick up 图

답이 보이는 생활영어 표현 확인하기

01 It's all taken care of. 그것은 모두 처리됐어.

02 Do you have time? 시간 있으신가요?

　cf Do you have the time? 지금 몇 시인가요?

03 Things will pick up soon. 상황이 곧 좋아질 거야.

지문 어휘 확인하기

01 should have p.p. ~했어야 했다

02 confirm 확인하다, 확실하게 하다

03 accompany 동행하다

04 make it 성공하다, 해내다, 시간 맞춰가다, (모임 등에) 가다[참석하다]

05 be busy -ing ~하느라 바쁘다

06 tedious 지루한, 싫증나는

07 chores 잡일, 허드렛일

08 pick up 회복되다, 개선되다

Chapter 07

해석 확인하기

① A: 넌 내일 자원봉사활동에 참여할 거니?
　B: 내가 거기에 있어야 했었을 텐데.
② A: 너는 우리 호텔 예약 확인했니?
　B: 그것은 모두 처리됐어.
③ A: 음, 나는 내일 자동차 대리점까지 네가 나와 동행하길 원해. 시간 좀 있니?
　B: 내 일정은 비었어. 내가 너에게 시간 맞춰갈게.
④ A: 나는 지루한 모든 잡일을 해결해야 해서 바빠.
　B: 상황이 곧 좋아질 거야.

정답 ①

실전 기출문제 **2014. 국가직 9급**

43. 밑줄 친 부분에 가장 적절한 것은?

시험중요도 ★★★☆☆

> A : I saw the announcement for your parents' 25th anniversary in yesterday's newspaper. It was really neat. Do you know how your parents met?
>
> B : Yes. It was really incredible, actually, very romantic. They met in college, found they were compatible, and began to date. Their courtship lasted all through school.
>
> A : No kidding! That's really beautiful. I haven't noticed anyone in class that I could fall in love with!
>
> B : _____. Oh, well, maybe next semester!

① Me neither
② You shouldn't blame me
③ It is up to your parents
④ You'd better hang about with her

답이 보이는 생활영어 표현 TEST

01 It was really neat. 🔊
02 No kidding! 🔊
03 Me neither. 🔊
04 hang about with 🔊

지문 어휘 TEST

01 announcement 🔊
02 neat 🔊
03 incredible 🔊
04 compatible 🔊
05 courtship 🔊

답이 보이는 생활영어 표현 확인하기

01 It was really neat. 정말 멋지다.

02 No kidding! 진심이야!, 정말!

03 Me neither. 나도 마찬가지야., 나도 그래.

04 hang about with ~와 많이 어울리다, 많은 시간을 보내다

지문 어휘 확인하기

01 announcement 발표(내용), 소식, 공고

02 neat 멋진, 훌륭한, 정돈된, 깔끔한

03 incredible 놀라운, 굉장한, 믿을 수 없는

04 compatible 호환이 되는, 양립될 수 있는, 화합할 수 있는

05 courtship 교제[연애] (기간)

해석 확인하기

A : 어제 신문에 너희 부모님의 25주년 결혼기념일을 알리는 소식을 봤어. 정말 멋지더라. 너는 너희 부모님이 어떻게 만나셨는지 알아?

B : 응. 정말 놀라웠지. 실은 매우 낭만적이었어. 대학교 때 만났고, 서로 잘 맞는다는 걸 알았고 데이트하기 시작하셨어. 연애는 대학 내내 지속되었어.

A : 정말! 그건 진짜 멋지다. 나는 수업에서 사랑에 빠질 만한 누군가를 못 봤어!

B : <u>나도 마찬가지야.</u> 어쩔 수 없지, 아마 다음 학기에는 있을 거야!

① 나도 마찬가지야

② 너는 날 비난하지 말아야 해

③ 그건 너희 부모님께 달려있지

④ 넌 그녀와 어울리는 게 나을 거야

정답 ①

실전 기출문제   **2014. 국가직 9급**

44. 밑줄 친 부분에 가장 적절한 것은?

시험중요도 ★★★★★

> A : Did you see Steve this morning?
> B : Yes. But why does he _____?
> A : I don't have the slightest idea.
> B : I thought he'd be happy.
> A : Me too. Especially since he got promoted to sales manager last week.
> B : He may have some problem with his girlfriend.

① have such a long face
② step into my shoes
③ jump on the bandwagon
④ play a good hand

답이 보이는 생활영어 표현 TEST

01 have a long face 图
02 I don't have the slightest idea. 图
03 step into one's shoes 图
04 jump on the bandwagon 图
05 play a good hand 图

지문 어휘 TEST

01 get promoted 图
02 sales manager 图

답이 보이는 생활영어 표현 확인하기

01 have a long face 우울(침울)한 얼굴을 하다

02 I don't have the slightest idea. 전혀 모른다.

03 step into one's shoes ~의 뒤를 잇다, ~의 직무/책임/권한을 승계받다

04 jump on the bandwagon 시류에 편승하다, 우세한 편에 붙다

05 play a good hand 멋진 수를 쓰다, 능란한 솜씨로 노름하다

지문 어휘 확인하기

01 get promoted 승진하다

02 sales manager 판매 부장

해석 확인하기

A : 너 오늘 아침에 Steve 봤어?

B : 응. 그런데 왜 그는 그렇게 우울한 얼굴을 하고 있어?

A : 전혀 모르겠어.

B : 나는 그가 행복할 거라고 생각했어.

A : 나도 그래. 특히 지난주에 그는 판매 부장으로 승진도 했는데 말이야.

B : 그의 여자 친구와 문제가 좀 있는지도 몰라.

① 그렇게 우울한 얼굴을 하다

② 나의 뒤를 잇다

③ 시류에 편승하다

④ 멋진 수를 쓰다

정답 ①

실전 기출문제 **2014. 지방직 7급**

45. 대화의 흐름으로 보아 밑줄 친 부분에 들어갈 가장 적절한 것은?

시험중요도 ★★★★★

> A : How's Tom getting on school?
> B : Well, his last report wasn't very good actually.
> A : Oh, dear. Why not?
> B : Because he just won't work. He's only interested in sports, and he just won't put any effort into anything else at all. We've tried everything, but he just doesn't take any notice of anybody.
> A : But surely he can't enjoy all that? I mean, it's not very pleasant to be criticized all the time, is it?
> B : It doesn't bother Tom. It's _____.

① like a fish out of water
② like water off a duck's back
③ like putting the cart before the horse
④ like taking the bull by the horns

답이 보이는 생활영어 표현 TEST

01 like a fish out of water 뜻

02 water off a duck's back 뜻

03 put the cart before the horse 뜻

04 take the bull by the horns 뜻

지문 어휘 TEST

01 get on 뜻

02 take notice of 뜻

03 criticize 뜻

04 bother 뜻

답이 보이는 생활영어 표현 확인하기

01 like a fish out of water 물 밖에 나온 물고기 같은, 낯선 환경에 놓인, 생소한
02 water off a duck's back 전혀 효과가 없는
03 put the cart before the horse 일의 순서가 바뀌다, 앞뒤 순서를 잘못 놓다
04 take the bull by the horns 문제[난국]에 정면으로 맞서다

지문 어휘 확인하기

01 get on 지내다
02 take notice of 주의하다, ~을 알아차리다
03 criticize 비판하다, 비난하다, 비평하다
04 bother 신경 쓰이게 하다, 귀찮게 하다, 괴롭히다

해석 확인하기

A : Tom은 학교에서 어떻게 지내고 있어요?
B : 글쎄요, 그의 마지막 성적표는 사실 그다지 좋지는 않았어요.
A : 오, 이런. 왜요?
B : 그냥 공부를 안 했기 때문이죠. 그는 스포츠에만 관심이 있고, 다른 것에는 전혀 노력을 안 해요. 모든 방법을 시도해봤지만, 어느 누구의 주의도 듣지 않아요.
A : 그런데 분명 그가 모든 것을 즐길 순 없잖아요? 내 말은, 매번 비난받는 것은 기분 좋은 일은 아니라는 뜻이에요, 그렇죠?
B : 그게 Tom을 신경 쓰이게 하는 것은 아니에요. 그것이 전혀 효과가 없는걸요.

① 장소에 어울리지 않는
② 전혀 효과가 없는
③ 일의 순서를 뒤바꾼 듯한
④ 문제에 정면으로 맞서는

정답 ②

실전 **기출문제** | **2014. 기상직 9급**

46. 다음 대화 내용 중 가장 어색한 것은?   시험중요도 ★★★★★

① A : Do you think you could possibly water my house-plants for me? I'm away on business for two weeks.

　B : No problem. I'll keep an eye on your whole flat if you like.

② A : I could kick myself. As soon as I'd handed in the paper, I remembered what the answer was.

　B : But you still passed the test. That sometimes happens for me too.

③ A : I can't stand the sight of him. That journey was absolute hell all because of his irresponsible behavior!

　B : I must admit, I'm keen on him, either.

④ A : He invited quite a few friends to his party.

　B : I'll say. We had to fight our way through millions of people to get to the drinks.

답이 보이는 생활영어 표현 TEST

- 01 on business 图
- 02 keep an eye on 图
- 03 No problem. 图
- 04 kick oneself 图
- 05 I must admit 图

지문 어휘 TEST

- 01 house plant 图
- 02 hand in 图
- 03 absolute 图
- 04 keen on 图

답이보이는 생활영어 표현 확인하기

01 on business 출장 중

02 keep an eye on ~을 계속 지켜보다

03 No problem. (부탁·질문에 대해) 그럼요[전혀 문제되지 않아요].,
   괜찮아요(고마움·미안함을 나타내는 말에 대한 대꾸).

04 kick oneself 자기에게 화를 내다, 자책하다

05 I must admit 사실, 정말이지

지문 어휘 확인하기

01 house plant 실내용 화초

02 hand in 제출하다

03 absolute (특히 구어체에서 말하는 내용을 강조하여) 완전, 순

04 keen on ~을 아주 좋아하는, ~에 관심이 많은

Chapter 07

해석 확인하기

① A: 너 혹시 내 실내용 화초에 물을 줄 수 있어? 나는 2주 동안 출장을 가.
   B: 그럼요. 만약 원하면 제가 당신의 아파트 전체를 계속 지켜볼게요.
② A: 나 자신에게 정말 화가 나. 시험지를 제출하자마자, 답이 뭐였는지 기억났어.
   B: 하지만 너는 그래도 시험에 통과했잖아. 그런 일은 가끔 나에게도 일어나.
③ A: 그가 꼴도 보기 싫어. 전부 그의 무책임한 행동 때문에 그 여행은 완전 지옥이었어!
   B: 사실, 나 또한 그가 아주 좋아.
④ A: 그는 그의 파티에 꽤 많은 친구들을 초대했어.
   B: 내 말이. 우리는 술을 가지러 가기 위해서 수많은 사람들을 뚫고 헤쳐 나가야 했어.

정답 ③

08 전 직렬 기출 8문제

단 번에 판 단해서 승 리하는 최빈출 생활영어 표현

ㄴ로 시작하는 1순위 생활영어 표현

01 let bygones be bygones 지나간 일은 지나간 일이다, 과거는 과거일 뿐
02 learn by heart 암기하다
03 let sleeping dogs lie 잠자고 있는 개는 건드리지 말라
　　　　　　　　　　　　　(문제를 야기할 만한 주제나 과거 일은 들먹이지 말라는 뜻)
04 like a fish out of water 뭍에 올라온 물고기처럼, 장소[상황]에 어울리지 않는
05 live from hand to mouth 하루 벌어 하루 생활을 하다, 간신히 지내다
06 Look who's talking 사돈 남 말 하네, 누가 할소리를 하는 거야
07 let one's hair down 긴장을 풀다, 느긋하게 쉬다
08 lose one's tongue 할 말을 잃다, 제대로 말하지 못하다
09 lose face 체면을 잃다

ㄴ로 시작하는 2순위 생활영어 표현

01 Let's wait and see 일단 두고 봅시다
02 look for a needle in a haystack 백사장에서 바늘 찾기, 가망 없는 짓을 하다
03 lose one's head 이성을 잃다, 흥분하다
04 lose one's mind 미치다, 제정신을 잃다

M로 시작하는 1순위 생활영어 표현

01 **make a clean breast of** 고백하다, 모두 다 털어놓다
02 **make both ends meet** 수입과 지출을 맞추다, 겨우 먹고 살 만큼 벌다
03 **make a scene** 소란을 피우다
   cf **make sense** 의미가 통하다, 이해가 되다
04 **make one's mouth water** 입에 군침이 돌게 하다
05 **Mind your own business** 당신 일에나 신경 쓰세요
06 **Money makes the mare to go** 돈은 (고집 센) 암탕나귀도 가게 만든다
                              (돈이 있으면 귀신도 부린다)
07 **My ears are burning** 누가 내 얘기를 하고 있나봐(귀가 간질간질해)

M로 시작하는 2순위 생활영어 표현

01 **made to order** 안성맞춤인, 주문 제작된
02 **make a mountain out of a molehill** 침소봉대하다, 사소한 문제를 크게 만들다
03 **make one's feel small** 왜소하게 느끼게 하다, 열등감을 느끼게 하다
04 **make peace** 화해하다, 중재하다

N로 시작하는 1순위 생활영어 표현

01 **neck and neck** 막상막하인, 대등하게
02 **no sweat** (땀도 나지 않을 정도로) 쉬운 일이다, 별 일이 아니다,
              (상대방의 감사·부탁에 대한 대꾸로) 뭘 그런 걸 갖고 그래
03 **Not on your life!** 절대 안 돼!, 어림도 없는 소리예요
04 **Not that I know of** 내가 알기에는 그렇지 않다

N로 시작하는 2순위 생활영어 표현

01 **never say die** 결코 포기하지 마라, 절대 희망을 버리지 마라
02 **no laughing matter** 웃을 일이 아닌 문제, 심각한 문제

Chapter
08

실전 **기출문제** **2014. 사회복지직 9급**

47. 밑줄 친 부분에 들어갈 표현으로 가장 적절한 것은? 시험중요도 ★★★★★

> A : I'll let you into a secret.
> B : What's that?
> A : I heard your boss will be fired soon.
> B : It can't be true. How is that happening?
> A : It's true. This is strictly between us. OK?
> B : All right. _____

① I'll spell it.
② I can't share that with you.
③ I'll keep it to myself.
④ I heard it through the grapevine.

답이 보이는 **생활영어 표현 TEST**

01 It can't be true. 图

02 strictly between us 图

03 keep to oneself 图

04 through the grapevine 图

지문 어휘 **TEST**

01 let into a secret 图

02 be fired 图

03 spell 图

답이 보이는 생활영어 표현 확인하기

01 It can't be true. 그게 사실일 리가 없다.

02 strictly between us 전적으로 우리끼리 이야기[비밀]이지만

03 keep to oneself (정보 등을) 자기만 알고 숨겨두다, 남에게 제공하지[알리지] 않다

04 through the grapevine 소문으로 듣다

지문 어휘 확인하기

01 let into a secret 비밀을 알리다

02 be fired 해고되다

03 spell (어떤 단어의) 철자를 말하다[쓰다]

해석 확인하기

A: 제가 비밀 하나를 말해줄게요.
B: 뭔데요?
A: 당신의 상사가 곧 해고될 거라고 들었어요.
B: 그게 사실일 리 없어요. 어떻게 그럴 수 있어요?
A: 사실이에요. 이건 전적으로 우리끼리의 비밀이에요. 알겠죠?
B: 알겠어요. 저 혼자만 알고 있을게요.

① 제가 철자를 말해줄게요.
② 전 그걸 당신과 공유할 수 없어요.
③ 저 혼자만 알고 있을게요.
④ 전 그걸 소문으로 들었어요.

Chapter 08

정답 ③

실전 기출문제 **2014. 경찰 2차**

48. 다음 대화에서 빈칸에 들어갈 말로 가장 적절한 것은?　시험중요도 ★★☆☆☆

> A : Excuse me.
> B : Yes?
> A : Will you show me the way to the police station?
> B : Sure. Go downstairs and take a left. It's on the right hand side.
>
> _____
>
> A : Thank you very much.

① You can't miss it.
② You will be there on time.
③ You beat me to it.
④ That takes me back.

답이 보이는 **생활영어 표현 TEST**

01 You can't miss it. 图
02 You beat me to it. 图
03 That takes me back. 图

지문 어휘 **TEST**

01 on time 图

답이 보이는 생활영어 표현 확인하기

01 You can't miss it. 쉽게 찾을 거예요.

02 You beat me to it. 네가 나보다 한발 앞섰어.

03 That takes me back. 옛날 생각이 나게 해.

지문 어휘 확인하기

01 on time 제시간에, 정각에, 시간을 어기지 않고

해석 확인하기

A: 실례합니다.

B: 네?

A: 경찰서 가는 길을 알려주실 수 있나요?

B: 물론이죠, 내려가셔서 왼쪽으로 도세요, 그것은 당신의 오른쪽에 있습니다. <u>쉽게 찾을 거예요.</u>

A: 정말 감사합니다.

① 쉽게 찾을 거예요.

② 당신은 제시간에 도착할 거예요.

③ 네가 나보다 한발 앞섰어.

④ 옛날 생각이 나게 해요.

Chapter
08

정답 ①

49. 밑줄 친 부분에 들어갈 표현으로 가장 적절한 것은?   시험중요도 ★★★☆☆

> Tom : Frankly, I don't think my new boss knows what he is doing.
>
> Jack : He is young, Tom. You have to give him a chance.
>
> Tom : How many chances do I have to give him? He's actually doing terribly.
>
> Jack : _____.
>
> Tom : What? Where?
>
> Jack : Over there. Your new boss just turned around the corner.

① Speak of the devil

② I wish you good luck

③ Keep up the good work

④ Money makes the mare go

답이 보이는 생활영어 표현 TEST

01 Speak of the devil. 📖

02 Money makes the mare go. 📖

지문 어휘 TEST

01 frankly 📖

답이 보이는 생활영어 표현 확인하기

01 Speak of the devil. 호랑이도 제 말하면 온다.

02 Money makes the mare go. 돈만 있으면 귀신도 부릴 수 있다.

지문 어휘 확인하기

01 frankly 솔직히

해석 확인하기

Tom : 솔직히. 내 생각에 새로 온 상사가 자기가 뭘 하는지 모르는 것 같아.
Jack : 그는 어리잖아, Tom. 그에게 기회를 좀 줘야지.
Tom : 얼마나 많은 기회를 줘야 하는데? 그는 일을 사실 형편없이 하고 있어.
Jack : 호랑이도 제 말하면 온다더니.
Tom : 뭐? 어디?
Jack : 저기. 네 새로 온 상사가 방금 모퉁이를 돌았어.

① 호랑이도 제 말하면 온다더니.
② 행운을 빌어.
③ 계속 수고해.
④ 돈만 있으면 귀신도 부릴 수 있다.

정답 ①

실전 기출문제 | **2013. 국가직 7급**

50. 밑줄 친 부분에 들어갈 표현으로 가장 적절한 것은?

시험중요도 ★★★☆☆

A : Would you like to go hiking this weekend?
B : Why don't we go to the mall instead?
A : But I have some new hiking gear I want to try out.
B : Yes, but there's a sale at the department store.
A : You always _____ at anything I want to do.
B : It's not you. It's the outdoors. I hate it. I prefer air-conditioned stores instead.

① turn your nose up
② hold my hand
③ put your feet up
④ let your hair down

답이 보이는 생활영어 표현 TEST

01 Would you like to부정사 ~? 통
02 Why don't you 동사원형 ~? 통
03 turn one's nose up at 통
04 put one's feet up 통
05 let one's hair down 통

지문 어휘 TEST

01 try out 통
02 gear 통
03 hold 통

답이 보이는 생활영어 표현 확인하기

`01` Would you like to부정사 ~? ~할래?, ~하시겠어요?

`02` Why don't you 동사원형 ~? ~하는 게 어때?

`03` turn one's nose up at (성에 차지 않아) 거절하다, ~을 비웃다, 경멸하다

`04` put one's feet up 누워서[발을 무엇인가에 올려놓고] 쉬다

`05` let one's hair down 느긋하게 쉬다, 긴장을 풀다

지문 어휘 확인하기

`01` try out 시험 삼아 해보다

`02` gear 장비, 복장, 기어

`03` hold 잡다, 쥐다, 유지하다, 견디다

해석 확인하기

A: 이번 주말에 하이킹을 갈래?

B: 그 대신에 쇼핑몰 가는 게 어때?

A: 하지만 내가 시험해 보고 싶은 새로 산 등산 장비가 있어.

B: 그래, 그런데 백화점에서 할인 행사가 있어.

A: 당신은 언제나 내가 하고 싶어 하는 것은 무엇이든지 <u>거절하더라.</u>

B: 당신이 아니야. 바로 야외 활동이란 말이야. 나는 그게 싫어. 나는 대신에 에어컨이 있는 가게가 좋단 말이야.

① 거절하다
② 나의 손을 잡다
③ 앉아 쉰다
④ 느긋하게 쉬다

정답 ①

실전 **기출문제** 2013. 지방직 9급

51. 밑줄 친 부분에 들어갈 표현으로 가장 적절한 것은?   시험중요도 ★★★★☆

A : Are you finished with your coffee? Let's go do the window display.
B : I did it earlier. Let's go see it.
A : Are you trying to bring customers in and scare them away?
B : That bad? You know, _____ when it comes to matching colors.
A : Don't you know navy blue never goes with black?
B : Really? I didn't know that.

① I'm all thumbs
② every minute counts
③ failure is not an option
④ I jump on the bandwagon

답이 보이는 생활영어 표현 TEST

01 all thumbs 图

02 every minute counts 图

03 jump on the bandwagon 图

지문 어휘 TEST

01 window display 图

02 bring in 图

03 scare away 图

04 go with 图

답이 보이는 **생활영어 표현 확인하기**

01 all thumbs 손재주가 없는, 일손이 아주 서툰

02 every minute counts 초를 다투다, 시간은 대단히 소중하다

03 jump on the bandwagon 우세한 편에 붙다, 시류[유행]에 편승하다

지문 어휘 **확인하기**

01 window display 쇼윈도의 상품 진열

02 bring in 데려오다, 들이다

03 scare away 겁을 주어 ~를 쫓아 버리다

04 go with ~와 어울리다

해석 **확인하기**

A : 커피 다 드셨나요? 그럼 쇼윈도의 상품 진열하러 가요.

B : 제가 먼저 해놨어요. 보러 갑시다.

A : 당신은 손님들 데리고 와놓고 그들을 겁줘서 쫓아내려는 거예요?

B : 그렇게 형편없어요? 당신도 알잖아요. 색깔들을 맞추는 것에 관해서는 <u>난 손재주가 없어요.</u>

A : 당신은 짙은 감색이 검은색과 절대 어울리지 않는다는 거 몰랐어요?

B : 그래요? 몰랐어요.

① 난 손재주가 없어요

② 시간은 대단히 소중해요

③ 실패란 없어요

④ 난 시류에 편승해요

Chapter
08

정답 ①

실전 **기출문제** | 2013. 지방직 9급

52. 밑줄 친 부분에 들어갈 표현으로 가장 적절한 것은?

시험중요도 ★★★★☆

A : Do you know what Herbert's phone number is?

B : Oh, Herbert's phone number? I don't have my address book on me.

_____

A : That's too bad! I've got to find him. It's urgent. If I can't find him today, I'll be in trouble!

B : Well, why don't you call Beatrice? She has his phone number.

A : I've tried, but no one answered.

B : Oh, you are so dead!

① I'll not let you down.

② I've got to brush up on it.

③ I can't think of it off hand.

④ Don't forget to drop me a line.

답이보이는 **생활영어 표현** TEST

01 drop someone a line 图

02 why don't you 동사원형 ~? 图

03 You are dead! 图

지문 어휘 TEST

01 let down 图

02 brush up on 图

03 off hand 图

답이 보이는 생활영어 표현 확인하기

01 drop someone a line ~에게 편지를 보내다

02 why don't you 동사원형 ~? ~하는 게 어때?

03 You are dead! 큰일이네!

지문 어휘 확인하기

01 let down ~를 실망시키다

02 brush up on 복습하다

03 off hand 당장, 즉석에서

해석 확인하기

A : Herbert의 전화번호를 알고 있어?

B : 오, Herbert의 전화번호? 내 주소록에는 없어. 지금 당장은 생각이 떠오르지 않아.

A : 곤란한데! 그를 찾아야 해. 급한 일이야. 만약 오늘 그를 찾지 못한다면, 난 곤경에 처할 거야!

B : 음, Beatrice에게 전화해보지 그래? 그녀가 그의 전화번호를 갖고 있어.

A : 시도해 봤지, 그런데 아무도 받지 않아.

B : 오, 정말 큰일이네!

① 난 널 실망시키지 않을 거야.

② 난 그걸 복습해야 해.

③ 지금 당장은 생각이 떠오르지 않아.

④ 나한테 편지 보내는 것을 잊지마.

Chapter 08

정답 ③

실전 기출문제 | 2013. 지방직 7급

53. 밑줄 친 부분에 들어갈 말로 가장 적절한 것은?

시험중요도 ★★★☆☆

> A : You look exhausted.
> B : I didn't sleep a wink last night.
> A : Why? What's the matter?
> B : I just worried about the exam.
> A : _____. I am sure you will do all right.
> B : I hope so.

① No sweat
② You name it
③ Out you go
④ Take the lead

답이 보이는 **생활영어 표현** TEST

01 I didn't sleep a wink 昼
02 What's the matter? 昼
03 No sweat. 昼
04 You name it. 昼
05 Out you go. 昼
06 take the lead 昼

지문 어휘 TEST

01 exhausted 昼

답이 보이는 생활영어 표현 확인하기

01 I didn't sleep a wink 나는 한 숨도 못 잤다

02 What's the matter? 무슨 일이야?

03 No sweat. 걱정하지 마., 별 거 아니야., 힘들지 않아., 문제없어.

04 You name it. 무엇이든지 말해 봐요.

05 Out you go. 나가., 꺼져 버려.

06 take the lead 앞장을 서다, 주도하다, 선두에 서다, 솔선수범하다

지문 어휘 확인하기

01 exhausted 지친, 기진맥진한

해석 확인하기

A : 너, 지쳐 보여.
B : 나 어젯밤에 한숨도 못 잤어.
A : 왜? 무슨 일인데?
B : 시험때문에 걱정이 돼서.
A : <u>걱정하지 마</u>. 넌 분명 잘 할 거야.
B : 그래야 될 텐데.

① 걱정하지 마
② 무엇이든지 말해 봐
③ 꺼져 버려
④ 앞장 서

Chapter
08

정답 ①

실전 기출문제 2013. 서울시 9급(9월)

54. 다음 빈칸에 가장 적절한 것은?

시험중요도 ★★☆☆☆

> A : Kate, I am too tired. It's only 7 : 30 in the morning! Let's take a rest for a few minutes.
>
> B : Don't quit yet. Push yourself a little more. When I started jogging, it was so hard for me, too.
>
> A : Have pity on me then. This is my first time.
>
> B : Come on, Mary. After you jog another three months or so, you will be ready for the marathon.
>
> A : Marathon! How many miles is the marathon?
>
> B : It's about thirty miles. If I jog everyday, I'll be able to enter it in a couple of months.
>
> A : _____ I am exhausted now after only half a mile. I am going to stop.

① Count me out!

② Why shouldn't I enter the marathon?

③ Why didn't I think of that?

④ I don't believe so.

⑤ Look who is talking!

답이 보이는 생활영어 표현 TEST

01 **count out** 뜻

02 **Why didn't I think of that?** 뜻

03 **look who is talking** 뜻

지문 어휘 TEST

01 **take a rest** 뜻

02 **quit** 뜻

03 **have pity on** 뜻

04 **be able to** 뜻

05 **exhausted** 뜻

01 count out (어떤 활동에서) ~를 빼다
02 Why didn't I think of that? 내가 왜 그 생각을 못했지?
03 look who is talking 사돈 남 말하다

지문 어휘 확인하기

01 take a rest 쉬다, 휴식을 취하다
02 quit 그만두다, 중지하다, 떠나다
03 have pity on ~을 불쌍히 여기다
04 be able to ~을 할 수 있다
05 exhausted 지친, 기진맥진한

해석 확인하기

A : Kate, 나 너무 피곤해. 지금 겨우 아침 7시 30분이야! 몇 분만 쉬자.
B : 아직 그만두지 마. 너 스스로를 좀 더 밀어 붙여. 내가 조깅을 시작했을 때, 나 역시 굉장히 힘들었어.
A : 그럼 날 불쌍히 여겨줘. 이번이 난 처음이라고.
B : 힘내, Mary. 조깅을 3개월 정도 더 한 후에는, 마라톤을 할 준비가 되어 있을 거야.
A : 마라톤! 마라톤은 몇 마일이지?
B : 약 30마일 정도 돼. 내가 만약 매일 조깅하면, 난 두 달 안에 출전할 수 있을 거야.
A : 난 빼줘! 난 지금 겨우 반마일 뛰고도 기진맥진했어. 난 그만둘 거야.

① 난 빼줘!
② 내가 왜 마라톤에 참가를 해서는 안 되지?
③ 내가 왜 그 생각을 못했지?
④ 난 그렇게 믿지 않아.
⑤ 사돈 남 말하네!

정답 ①

09 전 직렬 기출 8문제

 번에 판 단해서 승 리하는 **최빈출 생활영어 표현**

O로 시작하는 1순위 생활영어 표현

01 **off and on** 때때로, 불규칙적으로
02 **off the record** 비공개로, 사적으로, 공표해서는 안 되는
03 **off hand** 즉흥적인, 즉석에서
04 **on a shoestring** 약간의 돈으로, 돈을 아주 적게 쓰는
05 **on pins and needles** 안달하는, 마음이 불안한, 초조하여
06 **on the cutting edge of** 가장 최신 기술의, ~의 선두에
07 **on time** 시간을 어기지 않고, 정각에
08 **on the dot** 정확히 시간맞춰, 제시간에, 정각에
09 **on the spot** 즉각[즉석에서], (일이 벌어지는) 현장에서
10 **on the spur of the moment** 즉석에서, 충동적으로
11 **on the tip of one's tongue** 기억이 날 듯 말 듯 하는, 말이 입끝에서 뱅뱅 돌고 안 나오는
12 **once in a blue moon** 매우 드물게
13 **on the house** (술집이나 식당에서 술·음식이) 무료[서비스]로 제공되는
14 **out of the blue** 갑자기, 느닷없이
15 **out of stock** 재고가 없는, 품절이 되어
16 **out of the woods** 곤란에서 벗어난
17 **out-and-out** 속속들이, 완전히
18 **Over my dead body!** 내 눈에 흙이 들어가기 전에는 안된다!, 절대로 안된다!

P로 시작하는 1순위 생활영어 표현

01 **pay[give] lip service to** ~에게 입에 발린 말을 하다, 선심 공세를 펴다
02 **pay through the nose** 엄청난 값을 치르다, 바가지를 쓰다
03 **pick up the tab for** ~의 계산[값]을 치르다
04 **pull the wool over one's eyes** ~을 속이다
05 **play (the) devil's advocate** (의론을 활발하게 하기 위해) 일부러 반대 의견을 말하다
06 **play it by ear** 임기응변으로 대처하다, 즉흥적으로 처리하다
07 **pry into** ~을 캐묻다
08 **pull[make] a long face** 우울[침울]한 얼굴을 하다
09 **pull one's weight** 자기 임무를 다하다
10 **pull one's leg** 놀리다, 농담하다, 이야기를 꾸며내다
11 **put on airs** 뽐내다, 젠체하다

P로 시작하는 2순위 생활영어 표현

01 **pitch in** 협력하다, 기여하다
02 **play it cool** 냉정하게 행동하다
03 **play it safe** 조심성 있게 해나가다, 안전책을 강구하다
04 **put on the back[front] burner** 뒤로 미루다, ~을 일시적으로 보류하다

R로 시작하는 1순위 생활영어 표현

01 **rack one's brains** 머리를 쥐어 짜내다, 고심하다
02 **rain cats and dogs** 비가 엄청나게 내리다
03 **rain or shine** 날씨가 어떻든 간에, 무슨 일이 있더라도
04 **rake in** 잔뜩 긁어모으다, 벌다
05 **read between the lines** 행간[속뜻]을 읽다
06 **ring a bell** 들어본 적이 있는 것 같다[(들어보니) 낯이 익다]
07 **roll up one's sleeves** 본격적으로 일할 태세를 갖추다, 팔을 걷고 나서다

Chapter 09

실전 기출문제 | 2013. 기상직 9급

55. 다음 각 쌍의 대화가 어울리지 않는 것은?

시험중요도 ★★★★☆

① A : Mind if I smoke here?

   B : No, I am sick with the flu.

② A : This room is stuffy. Could I open the window?

   B : Why not?

③ A : It's a lovely day, isn't it?

   B : It couldn't be better. Let's go outside.

④ A : Do you think living in the country has advantages?

   B : Well, that depends.

답이 보이는 생활영어 표현 TEST

01 Mind if ~? 🔳

02 Why not? 🔳

03 It couldn't be better. 🔳

04 that depends 🔳

지문 어휘 TEST

01 be sick with 🔳

02 stuffy 🔳

03 a lovely day 🔳

04 outside 🔳

05 advantage 🔳

답이 보이는 생활영어 표현 확인하기

01 Mind if ~? ~해도 괜찮을까요?

02 Why not? (동의를 나타내어) 왜 아니겠어?[~하는 거 좋지]

03 It couldn't be better. 이보다 더 좋을 순 없다.

04 that depends 확실히 알 수 없다(사정에 따라 다르다)

지문 어휘 확인하기

01 be sick with (병을) 앓다, 병에 걸리다

02 stuffy (환기가 안 되어) 답답한

03 a lovely day 날씨 좋은 날

04 outside 밖, 겉

05 advantage 이점, 장점, 유리한 점

해석 확인하기

① A : 제가 여기서 담배를 피워도 괜찮을까요?
   B : 네. 저는 독감에 걸렸어요.
② A : 이 방은 답답하군요. 제가 창문을 열어도 될까요?
   B : 왜 안 되겠어요?[그렇게 하세요]
③ A : 날씨가 정말 좋군요, 그렇지 않나요?
   B : 이보다 더 좋을 수가 없겠네요. 밖으로 나갑시다.
④ A : 당신은 시골에 사는 것이 장점이라고 생각하세요?
   B : 글쎄요. 그건 상황에 따라 다르죠.

▶ **정답** ①

실전 기출문제 2013. 경찰 2차

56. 다음 A와 B의 대화 중 가장 적절하지 않은 것은?

시험중요도 ★★★★☆

① A : Can I eat this pizza?

　 B : Yes, help yourself.

② A : Can I use your phone?

　 B : Mud in your eye!

③ A : Did you catch the train?

　 B : Yes, by the skin of my teeth.

④ A : How shall we decide?

　 B : Let's toss for it.

답이 보이는 생활영어 표현 TEST

01 help yourself 🔒

02 Mud in your eye! 🔒

03 catch the train 🔒

04 by the skin of my teeth 🔒

05 How shall we decide? 🔒

지문 어휘 TEST

01 toss for 🔒

답이 보이는 생활영어 표현 확인하기

01 help yourself (음식을) 마음대로[양껏] 드십시오

02 Mud in your eye! (친한 사이끼리의) 건배!

03 catch the train 기차를 잡아타다

04 by the skin of my teeth 간신히, 가까스로, 아슬아슬하게

05 How shall we decide? 어떻게 결정할까요?

지문 어휘 확인하기

01 toss for 동전을 던져서 결정하다

해석 확인하기

① A : 피자 먹어도 될까요?
　 B : 네, 마음껏 드세요.
② A : 전화기 좀 사용해도 될까요?
　 B : 건배!
③ A : 기차 탔어요?
　 B : 네, 가까스로 탔어요.
④ A : 어떻게 결정할까요?
　 B : 동전을 던져서 결정하시죠.

정답 ②

실전 **기출문제** | **2012. 국가직 9급**

57. 대화의 흐름으로 보아 밑줄 친 부분에 들어갈 가장 적절한 것은?

시험중요도 ★★★★★

A : Oh, that was a wonderful dinner. That's the best meal I've had in a long time.

B : Thank you.

A : Can I give you a hand with the dishes?

B : Uh-uh, _____. I'll do them myself later. Hey, would you like me to fix some coffee?

A : Thanks a lot. I'd love some. Would you mind if I smoke?

B : Why, not at all. Here, let me get you an ashtray.

① help yourself

② don't bother

③ if you insist

④ here they are

답이 보이는 **생활영어 표현 TEST**

- 01 in a long time ☒
- 02 Can I give you a hand? ☒
- 03 Would you like to부정사 ~? ☒
- 04 Mind if ~? ☒
- 05 help yourself ☒
- 06 don't bother ☒
- 07 if you insist ☒

지문 어휘 **TEST**

- 01 dish ☒
- 02 ashtray ☒

답이보이는 생활영어 표현 확인하기

01 in a long time 오랜만에

02 Can I give you a hand? 제가 도와드릴까요?

03 Would you like to부정사 ~? ~할래?, ~하시겠어요?

04 Mind if ~? ~해도 괜찮을까요?

05 help yourself (음식을) 마음대로[양껏] 드십시오

06 don't bother 신경 쓰지 마세요

07 if you insist 정 그렇다면, 그렇게 원한다면

지문 어휘 확인하기

01 dish 접시, 설거지감

02 ashtray 재떨이

해석 확인하기

A : 오, 훌륭한 저녁 식사였어요. 제가 오랜만에 먹었던 것 중에 최고의 식사였어요.
B : 감사합니다.
A : 제가 설거지 좀 도와드릴까요?
B : 괜찮아요, 신경 쓰지 마세요. 나중에 제가 할게요. 저기, 커피 좀 준비 해드릴까요?
A : 정말 감사합니다. 좋아요. 혹시 담배를 피워도 괜찮을까요?
B : 물론이죠. 여기, 재떨이 좀 가져다 드릴게요.

① 마음껏 드세요
② 신경 쓰지 마세요
③ 정 그러시다면
④ 여기 있습니다

Chapter 09

정답 ②

실전 **기출문제** 2012. 국가직 9급

58. 대화의 흐름으로 보아 밑줄 친 부분에 들어갈 가장 적절한 것은?

시험중요도 ★★★★☆

> A : Hey, my poor buddy! What's the problem?
> B : You know I took over this presentation all of a sudden. And tomorrow is the due date for the presentation. I couldn't even start it yet.
> A : Look! I'm here for you. _____

① What are friends for?
② Everything's up in the air.
③ What does it have to do with me?
④ You'd better call a spade a spade.

답이 보이는 **생활영어 표현 TEST**

⒈ What are friends for? 🔊
⒉ up in the air 🔊
⒊ have to do with 🔊
⒋ call a spade a spade 🔊

지문 어휘 **TEST**

⒈ all of a sudden 🔊
⒉ due date 🔊

답이 보이는 생활영어 표현 확인하기

01 What are friends for? 친구 좋다는 게 뭐야?

02 up in the air 아직 미정인

03 have to do with ~와 관계가 있다, 관련되다

04 call a spade a spade 자기 생각을 그대로(숨김없이) 말하다

지문 어휘 확인하기

01 all of a sudden 갑자기

02 due date 만기일, 마감일

해석 확인하기

A : 안녕, 불쌍한 친구야! 무슨 문제 있어?

B : 내가 이 발표를 갑자기 맡게 된 거 알잖아. 그리고 내일이 발표 마감일이야. 심지어 아직 시작
도 못 했어.

A : 봐! 내가 너를 위해 여기 있잖아. 친구 좋다는 게 뭐야?

① 친구 좋다는 게 뭐야?

② 모든 게 아직 미정이야.

③ 그것이 나랑 무슨 상관이야?

④ 네 생각을 그대로 이야기하는 게 좋겠어.

정답 ①

실전 기출문제 | 2012. 지방직 7급

59. 두 사람의 대화 중 자연스럽지 않은 것은?

시험중요도 ★★★☆☆

① A : There's something really bothering me.

　　B : Get it off your chest. It'll make you feel better.

② A : Oh, you're chewing your fingernails.

　　B : Well, I didn't know that. I'm a little on edge right now.

③ A : Fill it up with unleaded, please.

　　B : Shall I also check the oil and the tires?

④ A : He's seventy years old, so he's over the hill now.

　　B : I wouldn't go that slow. That's too dangerous.

답이 보이는 생활영어 표현 TEST

01 get off one's chest 图

지문 어휘 TEST

01 bother 图

02 chew 图

03 on edge 图

04 fill up with 图

05 unleaded 图

06 over the hill 图

답이보이는 생활영어 표현 확인하기

01 get off one's chest 고민을 털어놓다

지문 어휘 확인하기

01 bother 신경 쓰다, 성가시게 하다
02 chew 물어뜯다, 깨물다, 씹다
03 on edge 흥분하여, 안절부절못하여, 초조한
04 fill up with ~로 가득 채우다
05 unleaded 무연의
06 over the hill 한물간, 퇴물이 된

해석 확인하기

① A : 나에게 뭔가 정말 골치 아픈 일이 있어.
　 B : 고민을 털어놔 봐. 그러면 기분이 나아질 거야.
② A : 오, 너 손톱을 물어뜯고 있네.
　 B : 음, 몰랐어. 나 지금 약간 초조하거든.
③ A : 무연 휘발유로 가득 채워 주세요.
　 B : 오일이랑 타이어도 체크해드릴까요?
④ A : 그는 70세야. 그래서 그는 한물갔어.
　 B : 난 저렇게 느리게 가지는 않을 거야. 너무 위험하거든.

Chapter
09

정답 ④

실전 기출문제 | **2012. 지방직 7급**

60. 대화의 흐름으로 보아, 밑줄 친 곳에 들어갈 가장 적절한 것은?

시험중요도 ★★★★★

> A : The deadline is coming. We need to work as a team.
> B : Why don't you delegate each person with a task?
> A : I'm a step ahead of you. Here's the list of our responsibilities.
> B : Wow, you're really on top of things.
> A : We all need to _____ to get the job done.
> B : Let's get started now!

① make a fortune
② spare no efforts
③ pull a long face
④ take a rain check

답이 보이는 생활영어 표현 TEST

01 Why don't you ~? 略

02 a step ahead 略

03 make a fortune 略

04 spare no effort 略

05 pull a long face 略

06 take a rain check 略

지문 어휘 TEST

01 deadline 略

02 delegate 略

03 responsibility 略

답이보이는 **생활영어 표현 확인하기**

01 Why don't you ~? ~하는 게 어때?, ~하지 않겠어요?

02 a step ahead (~보다) 한발 앞선

03 make a fortune 재산을 모으다, 큰돈을 벌다

04 spare no effort 노력을 아끼지 않다

05 pull a long face 우울한 얼굴을 하다

06 take a rain check 다음을 기약하다

지문 어휘 확인하기

01 deadline 마감시간

02 delegate 맡기다, 위임하다

03 responsibility 책임, 책무, 의무

해석 확인하기

A : 마감일이 다가오고 있어. 우리는 한 팀으로 일해야 해.

B : 각자가 업무를 분담해서 맡는 것은 어때?

A : 너보다는 내가 한발 빠르지. 여기 우리가 책임질 목록이야.

B : 와, 정말 네가 정말 한 수 위네.

A : 우리 모두 일을 끝내려면 <u>노력을 아끼지 않아야 돼</u>.

B : 지금부터 시작하자!

① 큰돈을 벌다
② 노력을 아끼지 않다
③ 우울한 얼굴을 하다
④ 다음을 기약하다

정답 ②

실전 기출문제 | 2012. 사회복지직 9급

61. 밑줄 친 부분에 들어갈 가장 적절한 것은?   시험중요도 ★★★☆☆

> A : Tom, can I borrow your new car? I have a date tonight.
>
> B : Well, I am supposed to give my brother a ride to the airport this evening.
>
> A : In that case I can take your brother to the airport before I go to meet my girl friend.
>
> B : _____

① All my fingers are thumbs.

② Yes, I'd love to.

③ I'll make a day of it.

④ OK, it's a deal.

답이 보이는 생활영어 표현 TEST

`01` all thumbs 🔳

`02` make a day of it 🔳

`03` It's a deal. 🔳

지문 어휘 TEST

`01` borrow 🔳

`02` be supposed to 🔳

`03` give a ride 🔳

답이보이는 생활영어 표현 확인하기

01 all thumbs 손재주가 없는, 일손이 아주 서툰
02 make a day of it (특별히 즐거운 일을) 하루 종일 하다
03 It's a deal. 합의 봤어., 그렇게 하자.

지문 어휘 확인하기

01 borrow 빌리다
02 be supposed to ~을 하기로 되어 있다
03 give a ride ~를 태워주다

해석 확인하기

A : Tom, 네 새 차를 좀 빌릴 수 있을까? 나 오늘 밤 데이트가 있어.
B : 음, 난 오늘 저녁 내 형을 공항까지 태워다 주기로 했어.
A : 그렇다면 내가 여자친구를 만나러 가기 전에 내가 네 형을 공항까지 태워다 줄 수 있어.
B : 좋아, 그렇게 하자.

① 나는 손재주가 없어.
② 그래, 나도 그러고 싶어.
③ 나도 하루 종일 할 거야.
④ 좋아, 그렇게 하자.

정답 ④

실전 기출문제 | **2012. 경찰 1차**

62. 다음 글을 읽고, 내용상 빈칸에 가장 어울리는 문장은? 시험중요도 ★★★☆☆

A : It seems like you're always busy lately. If it's not work, it's studies or something else. You don't have time for your friends anymore. When you took that full-time job I warned you : _____

B : I think you were right. Now I see that it was a mistake to take on too much responsibility all at once. My grades in school are already starting to go down.

A : There you are! Why don't you cut down on your hours at work and maybe drop a course or two, at least for this semester?

B : Maybe I'll do that. At this rate my health is liable to suffer, too.

① Don't put the cart before the horse.
② Don't bite off more than you can chew.
③ Don't count your chickens before they're hatched.
④ Don't put off for tomorrow what you can do today.

답이 보이는 생활영어 표현 TEST

01 Don't put the cart before the horse.
뜻

02 Don't bite off more than you can chew.
뜻

03 Don't count your chickens before they're hatched.
뜻

지문 어휘 TEST

01 full-time job 뜻

02 all at once 뜻

03 go down 뜻

04 cut down 뜻

05 drop a course 뜻

06 put off 뜻

답이 보이는 생활영어 표현 확인하기

01 Don't put the cart before the horse.
마차를 말 앞에 놓지 마라(일의 선후를 바꾸지 마라).
02 Don't bite off more than you can chew.
네가 씹을 수 있는 것보다 더 많이 베어 물지 마라(분에 넘치는 일을 하지 마라).
03 Don't count your chickens before they're hatched.
알이 부화하기도 전에 닭들을 세어보지 마라(김칫국부터 마시지 마라).

지문 어휘 확인하기

01 full-time job 정규직
02 all at once 갑자기, 동시에
03 go down (성적·점수 등이) 떨어지다
04 cut down 줄이다, 삭감하다
05 drop a course 수강신청을 취소하다
06 put off 미루다, 연기하다

해석 확인하기

A : 요즘 너는 항상 바빠 보여. 만약 일이 아니면, 공부나 다른 무언가로. 넌 더 이상 친구들을 위한 시간이 없는 거 같아. 네가 정규직을 가졌을 때, 내가 경고를 했어: 네가 씹을 수 있는 것보다 더 많이 베어 물지 말라고.

B : 내 생각에도 네가 맞는 것 같아. 이제 보니 갑자기 너무 많은 책임을 떠맡은 것은 내 실수야. 학교 성적들도 이미 떨어지기 시작했어.

A : 그것 봐! 직장에서 일하는 시간을 줄이고 이번 학기에는 적어도 한 두 과목정도는 수강신청을 취소하는 게 어때?

B : 아마도 그렇게 해야 할 것 같아. 이대로라면 내 건강도 나빠질 거야.

① 마차를 말 앞에 놓지 마라.
② 네가 씹을 수 있는 것보다 더 많이 베어 물지 마라.
③ 알이 부화하기도 전에 닭들을 세지 마라.
④ 오늘 할 수 있는 일을 내일로 미루지 마라.

정답 ②

CHAPTER

10 전 직렬 기출 8문제

단 번에 판 단해서 승 리하는 최빈출 생활영어 표현

S로 시작하는 1순위 생활영어 표현

01 **straight from the shoulder** 아주 솔직하게[직설적으로]

02 **screw up** 엉망으로 만들다

03 **see eye to eye** 전적으로 동의하다

04 **see red** 몹시 화내다

05 **see to it that** 반드시 ~하도록 하다, ~하도록 마음을 쓰다

06 **serve one right** 당해도 싸다, 쌤통이다, 꼴좋다

07 **shake a leg** (남에게 하는 말로) 빨리빨리 시작해라[움직여라]

08 **sick and tired of** 진저리가 나는

09 **sleep on** ~에 대해 하룻밤 자면서 생각해 보다(그 다음날까지 결정을 미룬다는 뜻)

10 **smell a rat** 수상히 여기다, 잘못된 일을 알아차리다, 낌새를 채다

11 **Speak of the devil** 호랑이도 제 말하면 온다

12 **spill the beans** 비밀을 누설하다

13 **Spit it out!** 털어 놓아라[자백하라]!

14 **stab someone in the back** 배반하다, 중상모략하다

15 **stand in a white sheet** 참회하다, 회개하다

16 **stand somebody up** (특히 연인 사이에서) ~를 바람맞히다

17 **steal the show** 관심[인기]을 독차지하다

18 **step into somebody's shoes** ~이 시작한 일을 계속하다[~의 후임이 되다]

19 **step on the gas** 빨리 가다, 서두르다

20 **stick to one's guns** 자기의 믿음이나 가치관을 고수하다, 억지를 부리다

21 **strike while the iron is hot** 쇠가 달았을 때 두드려라[쇠뿔도 단김에 빼랬다]
                                         (기회를 놓치지 말라는 뜻)

22 **stone's throw away** 아주 가까운 거리, 엎어지면 코 닿을 거리

23 **suit oneself** 자기 마음대로 하다

S로 시작하는 2순위 생활영어 표현

01 **see off** 배웅을 하다, 바래다주다

02 **spruce up** 정돈하다, 단장하다, 멋을 내다, 깨끗하게 하다

03 **stand a chance of** ~할 가능성이 있다

04 **stand on one's own feet** 독립하다

05 **stir up** 선동하다, (논쟁·문제 등을) 일으키다

06 **stock up on** 엄청난 물량을 확보하다, ~을 비축하다

07 **stuck in traffic** 교통이 막힌[정체된]

T로 시작하는 1순위 생활영어 표현

01 **take it on the chin** 턱을 얻어맞다, 패배를 맛보다, 큰 타격[손해]을 받다,
고통이나 벌을 참아내다

02 **take somebody's breath away** 압도하다, 남을 깜짝 놀라게 하다,
(너무 놀랍거나 아름다워서) 숨이 멎을 정도이다

03 **take one's time** 천천히 하다, 서두르지 않다

04 **take the bull by the horns** 위험을 무릅쓰고 용감히 행동하다,
문제[난국]에 정면으로 맞서다

05 **take the lion's share** 제일 큰 몫을 차지하다

06 **take something with a grain of salt** ~을 에누리해서 듣다, ~을 고려해가며 듣다

07 **talk down to** ~를 깔보는[경멸하는] 투로 말하다

08 **That's news to one** 그것은 금시초문이다, 처음 듣는 이야기네요

09 **That's the spirit** 바로 그거야(무언가 잘 했다고 칭찬할 때 사용하는 감탄사)

10 **the apple of a person's eye** (눈에 넣어도 아프지 않을 정도로) 매우 소중한 것[사람]

11 **the bottom line** 가장 본질적인 내용, 핵심

12 **the name of the game** 가장 중요한 것

13 **the tip of the iceberg** 빙산의 일각

14 **throw in the towel[sponge]** 패배를 인정하다

15 **throw[shed] light on** ~의 점을 밝히다, 해결의 실마리를 던져주다

16 **tie the knot** 결혼하다

17 **tighten one's belt** 어려움을 참고 견디다, 검약하다

18 **turn a deaf ear** 못 들은 척하다, 주의를 기울이지 않다

19 **turn a blind eye to** ~을 못 본 체하다, 눈감아 주다

Chapter 10

10

T로 시작하는 2순위 생활영어 표현

01 **take the lead (in)** 선두에 서다, 주도하다
02 **That doesn't seem likely** 그럴 것 같지는 않아
03 **That's life** 사는 게 다 그런거죠, 그런 게 인생이지
04 **the cream of the crop** 가장 좋은 것, 최우수의 사람
05 **the wear and tear** 소모, 닳아 없어짐
06 **throw up one's hands** 두 손 들다, 단념하다, 굴복하다
07 **to put it mildly** 부드럽게[조심스럽게] 말하면
08 **touch up** 마무리하다, 고치다[손보다]
09 **turn over a new leaf** 새로운 삶을 시작하다

T로 시작하는 3순위 생활영어 표현

01 **take it easy** 진정해라, 쉬엄쉬엄 하다
02 **the Midas touch** 돈 버는 재주(손대는 일마다 재정적 성공을 이뤄 내는 능력)
03 **throw cold water on** 찬물을 끼얹다, 취소시키다, 트집을 잡다
04 **to be honest** 솔직히 말하자면

U로 시작하는 1순위 생활영어 표현

01 **uncalled for** 부적절한, 부당한, 주제넘은
02 **under the counter** 암거래로, 불법적으로
03 **under the table** 몰래, 뇌물로서, 은밀히
04 **under the weather** 몸이 불편한
05 **up in the air** 아직 미정인, 미해결의, 정해지지 않은
06 **up to one's eyes[ears] in** ~에 몰두하여, 매우 바쁜

W로 시작하는 1순위 생활영어 표현

01 **watch one's language[mouth]** 말조심하다
02 **well rounded** 다재다능한, 전인격을 갖춘, 다방면에 걸친, 포괄적인
03 **wet behind the ears** 경험이 없는, 미숙한
04 **wet blanket** 흥을 깨는[분위기를 망치는] 사람
05 **What are friends for?** 친구 좋다는 게 뭐야?
06 **What's eating you?** 무슨 걱정이라도 있어?
07 **with tongue in cheek** 농담조로, 비꼬아서
08 **with flying colors** 의기양양하게, 훌륭한 성적으로
09 **What are you waiting for?** 뭘 망설이고 있는 거야?
10 **We are on the same page** 우리는 같은 의견을 가지고 있다

Y로 시작하는 1순위 생활영어 표현

01 **You said it!** (상대방이 스스로에 대해 하는 말에 동조하며) 그건 맞는 말이야[그렇긴 해]!
02 **You are telling me** 내 말이 바로 그 말이에요[전적으로 동의해요]
03 **You've gone too far** 너무했어
04 **You've got to be kidding!** 농담이겠지!
05 **You can't miss it** (건물·길을) 쉽게 찾을 수 있을 거야

Chapter
10

실전 기출문제   2011. 국가직 9급

63. 다음 대화 내용 중 가장 어색한 것은?

시험중요도 ★★★☆☆

① A : Are we still going on a picnic tomorrow? It might rain.

  B : Let's wait and see.

② A : Would you like to have a dinner with me this weekend?

  B : I'm sorry I can't make it. Can you give me a rain check?

③ A : Can you hand in the report as soon as possible?

  B : Be my guest.

④ A : Is it true that Mr. Smith is out of town?

  B : Not that I know of.

답이 보이는 생활영어 표현 TEST

01 give a rain check 图

02 as soon as possible 图

03 Be my guest. 图

04 Not that I know of. 图

지문 어휘 TEST

01 make it 图

02 hand in 图

03 be out of town 图

답이 보이는 생활영어 표현 확인하기

01 give a rain check (나중에 초대에 응하겠다고 약속하며) 미루다
02 as soon as possible 가능한 한 빨리
03 Be my guest. (상대방의 부탁을 들어주며 하는 말로) 그러세요[그래라].
04 Not that I know of. 내가 알기로는 그렇지 않다.

지문 어휘 확인하기

01 make it 성공하다, 해내다, 시간 맞춰가다, (모임 등에) 가다[참석하다]
02 hand in 제출하다(내다), 인계하다
03 be out of town (출장 등으로) 도시를 떠나 있다

해석 확인하기

① A: 우리 여전히 내일 소풍을 가는 건가요? 내일 비가 올지도 몰라요.
   B: 일단 두고 봅시다.
② A: 이번 주말에 저랑 저녁을 먹을래요?
   B: 미안하지만, 안될 것 같아요. 다음 기회로 미룰 수 있을까요?
③ A: 이 보고서를 가능한 한 빨리 제출할 수 있나요?
   B: 그러세요.
④ A: Smith씨가 도시를 떠나 있는 것이 사실인가요?
   B: 내가 알기로는 그렇지 않아요.

정답 ③

실전 기출문제 2011. 국가직 7급

64. 다음 대화 중 어색한 것은?   시험중요도 ★★★☆☆

① A : Do you have a minute?

　 B : Sure, what do you need?

② A : Do you know Mr. Green, our neighbor?

　 B : Not that I know of.

③ A : Can I come to your office this afternoon?

　 B : I'm booked but I'll squeeze you in.

④ A : How is it going?

　 B : I'm out of steam.

답이 보이는 생활영어 표현 TEST

01 Do you have a minute? 뜻

02 Not that I know of. 뜻

03 I'll squeeze you in. 뜻

04 be out of steam 뜻

지문 어휘 TEST

01 neighbor 뜻

답이 보이는 생활영어 표현 확인하기

01 Do you have a minute? 잠시 시간 좀 내주시겠어요?

02 Not that I know of. 내가 알기로는 그렇지 않다.

03 I'll squeeze you in. 너를 위한 시간을 내볼게.

04 be out of steam 기력이 다하다, 지치다

지문 어휘 확인하기

01 neighbor 이웃, 가까이 있는 사람

해석 확인하기

① A : 잠시 시간 좀 내줄 수 있으세요?
   B : 물론이죠, 무엇이 필요하신가요?
② A : 우리 이웃인, Green씨를 알아?
   B : 내가 알기로는 그렇지 않은데.
③ A : 오늘 오후에 네 사무실에 가도 될까?
   B : 선약이 있기는 한데, 너를 위해 시간을 내 볼게.
④ A : 어떻게 지내?
   B : 기운이 없어.

정답 ②

| 실전 기출문제 | 2011. 지방직 7급 |

65. 두 사람의 대화 중 가장 자연스러운 것은?

시험중요도 ★☆☆☆☆

① A : Could you break this bill for me, please?

   B : Sorry. You're wrong.

② A : Let's call it a day!

   B : OK, we can finish it tomorrow.

③ A : He should have arrived earlier.

   B : You're right. How couldn't he come?

④ A : I'm not very good at math. How about you?

   B : Me, too. I'm well qualified for teaching you.

답이 보이는 생활영어 표현 TEST

01 call it a day 뜻

지문 어휘 TEST

01 break 뜻

02 should have p.p. 뜻

03 be qualified for 뜻

답이 보이는 생활영어 표현 확인하기

01 call it a day 하루 일을 그만 끝내다

지문 어휘 확인하기

01 break (큰돈을 잔돈으로) 바꾸다
02 should have p.p. ~했어야 했다
03 be qualified for ~할 자격이 있다

해석 확인하기

① A : 이 지폐를 잔돈으로 바꿔주실 수 있나요?
   B : 죄송해요. 당신이 틀렸어요.
② A : 오늘은 그만 하자!
   B : 좋아, 우리 내일 이걸 끝내자.
③ A : 그는 좀 더 일찍 도착해야 했어.
   B : 맞아. 그가 어떻게 올 수 없었을까?
④ A : 난 수학에 아주 소질이 없어. 넌 어떠니?
   B : 나도야. 난 너를 가르치는 데 좋은 자격을 갖추고 있어.

정답 ②

66. 두 사람의 대화 중 어색한 것은?

시험중요도 ★★★★☆

① A : What's eating you?

　 B : I am having a steak.

② A : Did you watch the game last night?

　 B : Yeah, it ended in a tie.

③ A : Look at this jacket. It was only $ 10.

　 B : Wow! It's a steal. Where did you get it?

④ A : I have butterflies in my stomach. I'm not sure whether I can walk out

　　　 onto the stage.

　 B : Don't be nervous. Break a leg!

답이 보이는 생활영어 표현 TEST

　01　What's eating you? 图

　02　It's a steal. 图

　03　have butterflies in my stomach 图

　04　Break a leg! 图

지문 어휘 TEST

　01　end in a tie 图

　02　nervous 图

답이 보이는 생활영어 표현 확인하기

01 What's eating you? 왜 속상해 하느냐?

02 It's a steal. 값이 매우 싸다.

03 have butterflies in my stomach 가슴이 두근거리다, 긴장되다, 조마조마하다

04 Break a leg! 행운을 빌어!

지문 어휘 확인하기

01 end in a tie 동점으로 끝나다

02 nervous 긴장한, 불안한, 초조한

해석 확인하기

① A : 왜 속상해 하느냐?
   B : 난 스테이크를 먹고 있어.
② A : 너 지난 밤 그 경기 봤니?
   B : 그래, 동점으로 끝났지.
③ A : 이 재킷 좀 봐. 이게 겨우 10달러였어.
   B : 와! 완전 싸게 샀다. 어디서 샀어?
④ A : 마음이 조마조마해. 내가 무대 위로 걸어 올라갈 수 있을지도 확실치 않아.
   B : 긴장하지 마. 행운을 빌게!

정답 ①

실전 기출문제 **2011. 경찰 2차**

67. 다음 빈칸에 들어갈 문장으로 가장 적절한 것은?

시험중요도 ★★★★☆

> W : He was hit by a drunk driver.
> M : How old was the driver?
> W : He was seventeen. _____. He had been drinking
>   at a local bar.

① He hit the jackpot
② He is with you on this one
③ He was under the influence
④ He took that with a grain of salt

답이보이는 **생활영어 표현** TEST

01 hit the jackpot 圏

02 take something with a grain of salt 圏

지문 어휘 TEST

01 under the influence 圏

답이 보이는 생활영어 표현 확인하기

01 hit the jackpot 대박을 터뜨리다

02 take something with a grain of salt ~을 에누리해서 듣다, ~을 고려해가며 듣다

지문 어휘 확인하기

01 under the influence 과음한 상태에서

해석 확인하기

W : 그는 음주 운전자에게 치였어.
M : 그 운전자는 몇 살이었어?
W : 그는 17살이었어. <u>그는 과음한 상태였어.</u> 지역의 한 술집에서 술을 마셨대.

① 그는 대박을 터뜨렸어
② 그는 이 일을 너와 함께 해
③ 그는 과음한 상태였어
④ 그는 고려해가며 들었어

실전 기출문제　2010. 지방직 9급

68. 다음 대화의 흐름으로 보아 밑줄 친 부분에 들어갈 가장 적절한 표현은?

시험중요도 ★★★★☆

> A : As beginners, we just have to take it on the chins and move on.
> B : ＿＿＿＿＿＿＿＿＿＿＿＿＿＿＿＿＿＿

① Don't talk around.
② You make no sense.
③ Oh, it's on the tip of my tongue.
④ You are telling me.

답이 보이는 생활영어 표현 TEST

01 take it on the chin 图
02 talk around 图
03 make no sense 图
04 on the tip of one's tongue 图
05 You are telling me. 图

지문 어휘 TEST

01 beginner 图

답이 보이는 생활영어 표현 확인하기

01 take it on the chin 묵묵히 견디다, 고통이나 벌을 참아내다

02 talk around 빙빙 돌려서 말하다

03 make no sense 말이 되다, 이해가 되다

04 on the tip of one's tongue 말이 허끝에서 맴돌 뿐 생각이 안 나다

05 You are telling me. 내 말이 바로 그 말이다.

지문 어휘 확인하기

01 beginner 초보자, 초심자

해석 확인하기

A : 초보자로서, 우리는 묵묵히 견디며 나아가야만 해.
B : 내 말이 바로 그 말이야.

① 빙빙 돌려서 말하지마.
② 말도 안 돼.
③ 오, 생각이 날 듯 말 듯해.
④ 내 말이 바로 그 말이야.

정답 ④

실전 기출문제 | 2010. 서울시 9급(6월)

69. 다음 대화를 읽고 글의 흐름상 빈 칸에 들어갈 적절한 말은?

시험중요도 ★★☆☆☆

A : Which institution are you going to apply to?
B : Well, Yale University, among others. I know it's _____, and therefore I may fail.
A : I hope you will make it.
B : Thanks.

① a long shot
② on good terms
③ short of cash
④ beyond dispute
⑤ in stock

답이 보이는 생활영어 표현 TEST

01 a long shot 圏
02 in stock 圏

지문 어휘 TEST

01 institution 圏
02 apply 圏
03 make it 圏
04 short of 圏
05 beyond dispute 圏

답이 보이는 생활영어 표현 확인하기

01 a long shot 거의 승산 없는 것
02 in stock 재고가 있는

지문 어휘 확인하기

01 institution 기관, 단체, 협회
02 apply 신청하다, 지원하다
03 make it 성공하다, 해내다, 시간 맞춰가다, (모임 등에) 가다[참석하다]
04 short of 부족한
05 beyond dispute 논란의 여지없이, 분명히

해석 확인하기

A : 너 어느 대학에 지원할 거야?
B : 글쎄, 그 중에서 Yale 대학교. 나는 <u>거의 승산 없다는 것</u>을 알고 있어. 그래서 떨어질 수도 있어.
A : 잘 되기를 빌게.
B : 고마워.

① 거의 승산 없는 것
② 좋은 사이로
③ 돈이 부족하여
④ 논란의 여지없이
⑤ 재고가 있는

정답 ①

실전 기출문제 | 2010. 경찰 1차

70. 다음 밑줄 친 부분의 의미로 가장 알맞은 것은?　시험중요도 ★★★☆☆

> A : Mr. and Mrs. Edwards have such wonderful children!
> B : Sure, they do.
> A : Their children are very well mannered!
> B : That's true.
> A : And they are so friendly to everybody in the neighborhood.
> B : <u>I couldn't agree with you more.</u>

① I am not quite sure.
② I feel the same way.
③ Be my guest.
④ It's nice talking to you.

답이 보이는 생활영어 표현 TEST

- 01 I couldn't agree with you more. 匿
- 02 I am not sure. 匿
- 03 Be my guest. 匿

지문 어휘 TEST

- 01 well mannered 匿
- 02 friendly 匿
- 03 neighborhood 匿
- 04 feel the same way 匿

답이보이는 생활영어 표현 확인하기

01 I couldn't agree with you more. 나도 그렇게 생각해., 전적으로 동의합니다.

02 I am not sure. 잘 모르겠어요., 확실치는 않아요.

03 Be my guest. (상대방의 부탁을 들어주며 하는 말로) 그러세요[그래라].

지문 어휘 확인하기

01 well mannered 예의 바른, 예절 바른

02 friendly 친절한, 다정한

03 neighborhood 이웃, 인근, 이웃 사람들

04 feel the same way 같은 생각을 하다, 같은 느낌을 갖다

해석 확인하기

A : Edwards 부부는 정말 훌륭한 아이들이 있어요!
B : 네, 맞아요.
A : 그들의 아이들은 정말 예의가 바릅니다!
B : 맞습니다.
A : 그리고 그들은 이웃 사람들에게도 매우 친절해요.
B : <u>저도 그렇게 생각해요.</u>

① 저는 잘 모르겠어요.
② 저도 그렇게 생각해요.
③ 좋을 대로 하세요.
④ 당신과 이야기하게 되어 기쁩니다.

정답 ②

진가영

약력

現 박문각 공무원 영어 온라인, 오프라인 대표강사
- 서강대학교 영미어문 우수 졸업
- 서강대학교 영미어문 심화 전공
- 중등학교 정교사 2급 자격증
- 단기 공무원 영어 전문 강의(개인 운영)

저서

- 진가영 영어 단기합격 문법 All In One
- 진가영 영어 단기합격 독해 All In One
- 진가영 영어 단기합격 VOCA
- 진가영 영어 기출문제집 문법&어휘
- 진가영 영어 기출문제집 독해
- 진가영 영어 독해 끝판왕(독판왕)
- 진가영 영어 문법 끝판왕(문판왕)
- 진가영 영어 단판승 문법 적중 킬포인트 100
- 진가영 영어 단판승 생활영어 적중 70제
- 진가영 영어 진독기 구문독해 시즌1
- 진가영 영어 하프모의고사
- 진가영 영어 하프모의고사 시즌2
- 2023 박문각 공무원 봉투모의고사

진가영
영 어
단판승
생활영어
적중 70제

초판 인쇄 | 2024. 1. 2   **초판 발행** | 2024. 1. 5.
편저 | 진가영   **발행인** | 박 용   **발행처** | (주)박문각출판
등록 | 2015년 4월 29일 제2015-000104호
주소 | 06654 서울시 서초구 효령로 283 서경 B/D 4층
팩스 | (02)584-2927   **전화** | 교재 주문·내용 문의 (02)6466-7202

저자와의
협의하에
인지생략

이 책의 무단 전재 또는 복제 행위는 금합니다.

정가 14,000원   ISBN 979-11-6987-315-4